Diederichs
GELBE REIHE MAGNUM
herausgegeben von Michael Günther

Etruskischer Satyr.

ALAIN DANIÉLOU

DER PHALLUS

METHAPHER DES LEBENS, QUELLE DES GLÜCKS SYMBOLE UND RITEN IN GESCHICHTE UND KUNST

Aus dem Französischen von
Wieland Grommes

EUGEN DIEDERICHS VERLAG

Die Originalausgabe
erschien 1993 unter dem Titel *Le Phallus*
bei Pardès, Puiseaux

Vordere Umschlagseite: Der Ek Mukh
Lingam von Shiva. Kathmandu, Nepal.
(Foto: Kevin Bubriski)

Die Deutsche Bibliothek - CIP-Einheitsaufnahme
Daniélou, Alain
Der Phallus : Metapher des Lebens, Quelle des Glücks ; Symbole und Riten in
Geschichte und Kunst / Alain Daniélou. Aus dem Franz. von Wieland Grommes. -
München : Diederichs, 1998
    (Gelbe Reihe Magnum ; 7)
    Einheitssacht.: Le phallus <dt.>
    ISBN 3-424-01412-5

Umschlaggestaltung: Zembsch' Werkstatt, München
Produktion: Tillmann Roeder, München
Satz: Satzpunkt Ewert, Braunschweig
Druck und Bindung: Huber, Dießen
Printed in Germany

ISBN 3-424-01412-5

INHALT

EINFÜHRUNG 7

DER PHALLUSKULT 9

I GESCHICHTE 11

II SYMBOLIK 18

Das Bild des Schöpfers der Welt 18
Das Symbol des Universums 20
Mahā-Linga – Das transzendente Zeichen 21
Der göttliche Eros 22
Der Phallus – Das Organ der Lust 24
Bīja – Der Same 26
Yoni – Die Vulva 28
Die Vereinigung der Geschlechter 29
Der Vater – Der Phallusträger 32

III DARSTELLUNGEN DES PHALLUS 33

Der aufgerichtete Stein 33
Spontane Manifestationen des göttlichen Phallus (*Svayambhu*) 37
Gegenstände ohne besondere Form (*Betylen*) 40
Der Omphalos 40
Die Lichtsäule 41
Akāsha-Linga – Der Lingam des Raumes 42
Mukha-Linga – Der Phallus mit Gesicht 43
Der Herr der räumlichen Richtungen
– Der fünfgesichtige Phallus 45
Das kosmische Ei 46

IV INDIREKTE DARSTELLUNGEN DES PHALLUS 48

Bāna Linga – der Pfeil 49
Das Altarfeuer 50
Der Pflug 51

DER ITHYPHALLISCHE GOTT   53

I   DER HERR DER TIERE   54
      Der Gott des Wachstums und der Fruchtbarkeit   60
      Der Geist der Wälder – Der lüsterne nackte Gott   62
      Die Kastration   69

II   DER SCHUTZGOTT   70
      Hermes   70
      Priap   72
      Der Gott der niederen Schichten   76

III   DIE TIER- UND PFLANZENGESTALT DES GOTTES   79
      Der Stier   79
      Die Hörner   85
      Die Mondsichel   88
      Der Heilergott und die Schlange   88
      Linga-Sharira – Der sexuelle Code   91

IV   NAMEN UND ASPEKTE DES ITHYPHALLISCHEN GOTTES   94
      Ardhanarishvara – Der androgyne Gott   96
      Die Phallophorien – Feste des Frühlings   101
      Die Universalität des Kultes   106

V   FORTLEBENDE REMINISZENZEN   109
      Die Verehrung des Phallus   114

ANHANG   121

Glossar   122
Literatur   127
Über den Autor   131

EINFÜHRUNG

Nur wenn sich der Penis (*upastha upásthaka*) aufrichtet, ergießt er seinen Samen, die Quelle des Lebens. Dann spricht man vom Phallus (*lingam*), und seit der fernsten Vorzeit galt dieser als das Bild des Schöpfungsprinzips, des Prozesses, in dem das *Être Suprème* oder Höchste Wesen das Universum zeugt.

Dieses Symbol wurde nicht wahllos herausgegriffen, sondern in Anerkennung des Prozesses gewählt, der nach der Lehre der Entstehung und Entwicklung des Weltalls, die verschiedenen Ebenen des Sichtbargewordenen miteinander verbindet. Der Phallus ist in der Tat das Bild des Schöpfers im Menschen, und seine Verehrung bildet den Ursprung aller Religionen.

Als Quelle der Lust evoziert der Phallus die göttliche Seligkeit, das Sein-in-Freude. Im Mikrokosmos, im lebenden Einzelwesen, repräsentiert er den Erzeuger, der stets in seinem Werk präsent ist.

Wo immer dieses heilige Symbol verachtet, entwürdigt und in den Schmutz gezogen wird, entfernt sich der Mensch von der Wirklichkeit des Göttlichen. Dies fordert den Zorn der Götter heraus und führt zum Niedergang der Spezies. Der Mensch, der dieses Symbol des Lebensprinzips *par excellence* verachtet, überläßt seine Spezies den Kräften des Todes.

Hellas: Ithyphallischer Satyr.

DER
PHALLUSKULT

Indien: Junger Mann mit verlängertem Phallus. (Foto: Lance Dane)

I
GESCHICHTE

Der Kult des Phallus als Quelle des Lebens und Symbol von Männlichkeit, Mut, Macht und Potenz taucht erstmals in jener weitreichenden Zivilisation auf, die sich zu Beginn der Jungsteinzeit, des Neolithikums, d. h. nach dem Ende der Eiszeit, seit dem achten Jahrtausend vor unserer Zeitrechnung von Indien aus bis zu den äußersten Grenzen des Okzidents verbreitete. Eng verbunden mit dem Stier- und Schlangenkult und seinen Riten und Legenden hat er sich in Indien bis in unsere Zeit erhalten, doch wir begegnen seinen Spuren, seinen Symbolen und bestimmten Elementen seines Kultes auch quer durch alle Zivilisationen Mesopotamiens, des Mittleren Ostens, Ägyptens und der Ägäis sowie in Thrakien (Griechenland), Italien und der gesamten präkeltischen Welt bis nach Irland.

Ob er in der gewaltigen Geschichte der Menschheit noch ältere Wurzeln hatte, die vor der Ankunft unseres Ahnen, des Cro-Magnon-Menschen, d. h. vor dem Beginn unserer immer noch stark von ihm geprägten Zivilisation anzusiedeln sind, ist schwer zu sagen. Das rote Horn, mit dem die italienischen Fernfahrer noch heute die Stirn ihrer LKW schmücken, ist ein phallisches Symbol, das zur Abwehr von bösem Schicksal dient und noch ganz dem entspricht, was die Wagenlenker bereits vor sechstausend Jahren verwendeten.

Unter den Höhlenmalereien und -skulpturen aus der Altsteinzeit (Paläolithikum) stößt man vor allem auf rituelle Darstellungen des weiblichen Prinzips, weshalb der berühmte Mann mit Vogelkopf und aufgerichtetem Phallus aus der Höhle von Lascaux in Südfrankreich (um 20 000 v. Chr.) eher eine Ausnahme zu bilden scheint. Dagegen sind gleich zu Beginn der Jungsteinzeit bereits in großer Zahl Darstellungen des Phallus und daneben von ithyphallischen Figuren mit aufgerichtetem Glied wie etwa denen von Altamira, Gourdan oder Isturits zu finden.

Jacques Dupuis legte in seinem letzten Werk, »*Au nom du Père*«, den Schluß nahe, daß der Übergang von der Verehrung der Vulva zur Verehrung des Phallus möglicherweise mit der Entdeckung der Vaterschaft zusammenhing, einem Phänomen, dessen Kenntnis in primitiven Zivilisationen nicht selbstverständlich ist.

»Da der Phallus, kinästhetisch und visuell betrachtet, ähnliche Züge wie die Schlange und der Fisch aufweist, müßten wir, wie Abbé Breul bemerkte, in irgendeiner Form ein bildlich dargestelltes Wiedererkennen dieses Vergleichs erwarten können. Da der Phallus mit der Ausscheidung von Sperma und Urin in

Morawien:
Phallisches Amulett
aus Dolny Vestonice.
Gravette-Kultur,
30 000 v. Chr.

Verbindung steht, müßten wir ferner irgendeine bildlich dargestellte Erklärung dieser Vorgänge erwarten, die mit dem Zusammenhang zwischen Vulva und Menstruationsblut vergleichbar ist. Keine dieser Darstellungen der genannten Vorgänge beim Mann braucht die entsprechenden bei der Frau mit einzubeziehen und auch nicht das Wissen von Insemination oder Befruchtung einzuschließen. Sie konnten auch Teil einer speziell maskulinen Mythologie sein, die etwa bei der Initiation der Knaben oder auf einer Versammlung von Jägern erzählt wurde oder zum Repertoire der männlichen Schamanen gehörte.« (Alexander Marshack: »The Roots of Civilization«, S. 330 ff.)

Von der Epoche in der jüngeren Steinzeit an, die man als das Magdalénien bezeichnet (ca. 13 000 – ca. 6 000 v. Chr.), werden die Phallusdarstellungen immer häufiger. Die Fundstätte von Audoubert in den französischen Pyrenäen ist übersät mit eingeritzten Phalli. In Placard (Alt-Magdalénien) wurde ein Knochen gefunden, in den ein Phallus eingeritzt ist, aus dessen Mündung eine Flüssigkeit spritzt. Er gleicht bereits denen der nachfolgenden Epochen, so etwa dem phallusförmigen Stab von Bruniquel (Dordogne) oder dem Doppelphallus aus der Schlucht Gorge d'Enfer.

Aus der Höhle von Les Eyzies (Spät-Magdalénien) stammt ein gravierter Knochen, der den Kopf eines Bären mit geöffnetem Rachen und Blick auf einen Phallus zeigt, dessen Hoden an Blumen erinnern. In Mythos und Tradition wird das Bild des Phallus mit dem Fisch, dem Wasser und der Schlange assoziiert.

In den Phallus aus der Gorge d'Enfer ist ein Fisch eingeritzt. In Placard sind die Augen des dargestellten Fisches wie Hoden geformt. In Bruniquel ist eine Reihe sehr realistisch dargestellter phallischer Fische zu sehen; wellenartige Strukturen stellen Wasser dar. In der Höhle Trois Frères (Ariège) gibt es Darstellungen von ithyphallischen Männern, die Masken und Geweihe tragen, mit Tierfellen bekleidet sind und bei denen es sich vermutlich um Schamanen, Hexer oder Tänzer handelt.

Indien ist die einzige Region, in der sich der Kult des *Lingam* oder Phallus sowie die damit verbundenen Riten und mythischen Erzählungen ununterbrochen von der

Vorzeit bis heute erhalten haben. Dank der aus Indien stammenden Zeugnisse können wir daher den Daseinsgrund dieses Kultes, die philosophischen Auffassungen, die ihn erklären, sowie den Sinn der Mythen begreifen, denen wir in verschiedenen Varianten überall wieder begegnen werden.

Der Kult des ithyphallischen indogermanischen Gottes der vorgeschichtlichen Zivilisation Indiens war den arischen Eroberern, die im dritten Jahrtausend vor unserer Zeit aus dem Norden eindrangen, unbekannt gewesen. Daher hat der Phalluskult im Ritual der Veden keinen Raum: Der Phallusgott Shisna-Deva wird zwar im *Rigveda* (7.12.5 und 10.99.3), sowie im *Nirukta* (4.29) (dem bedeutendsten frühen Wörterbuch der Sanskritliteratur, Anm. d. Übers.) erwähnt, aber sein Kult wird verurteilt.

Ähnlich steht es in der griechisch-römischen Welt, wo die phallischen Kulte aus Zivilisationen stammen, die vor der Ankunft der Achäer existiert hatten. »Das roh gestaltete Kollossalbild des ithyphallischen Gottes Min [stammt] aus dem vordynastischen Ägypten von 4 500 v. Chr.« (Philip Rawson: »Primitive Erotic Art,« S. 14)

Der Konflikt zwischen dem antiken Kult des ithyphallischen Naturgottes Shiva und der sozialen Religion der arischen oder semitischen Invasoren wird in den Erzählungen der *Purānas,* der »Alten Chroniken« des Shivaismus, illustriert.

Dem *Shiva-Purāna* zufolge (*Rudra Samhitā, Sati Khānda* 1.22–23) wird der Patriarch Daksha, während er mit den Vorbereitungen zu einem vedischen Opfer beschäftigt ist, von dem Stier Nandin (dem ›Freudigen‹) verflucht, der Shivas Gefährte und Personifikation in der Tierwelt ist und durch den Phallus symbolisiert wird. Voller Verachtung sagt Nandin über Daksha:

»Dieser unwissende Sterbliche haßt den einzigen Gott, der auch gegen seine Verleumder noch Wohlwollen bewahrt, und er weigert sich, die Wahrheit anzuerkennen. Er kümmert sich um nichts als sein häusliches Leben mit all den Kompromissen, die mit ihm verbunden sind. Um seine Interessen zu befriedigen, praktiziert er unzählige Riten in einem Geist, der ganz verkommen ist vor lauter vedischen Vorschriften. Er vergißt die Natur der Seele, denn er kümmert sich um völlig andere Dinge. Der brutale Daksha, der an nichts als seine Weiber denkt, soll von nun an den Kopf eines Ziegenbocks tragen. Möge dieses stumpfsinnige Wesen, das sich bläht vor einer Eitelkeit, die es aus seinem Wissen schöpft, und dazu all jene, die sich mit ihm dem Großen Bogenschützen Shiva widersetzen, weiter in ihrem unwissenden Ritualismus leben.

Mögen diese Feinde des ›Schmerzenlinderers‹, deren Geist benebelt ist vom Geruch der Opfer und von den blumigen Veda-Worten, weiter in ihren Illusionen leben. O könnten all jene Priester, die nur ans Essen denken, die nur aus Eigennutz auf Wissen pochen, die sich den Entsagungen und Zeremonien nur unterziehen, um sich ihr Leben zu verdienen, und die nach nichts als Reichtum und Ehren streben, dereinst als Bettler enden.«

Der vedische Weise Bhrigu, der bei dem Opfer den Vorsitz führt, entgegnet: »Alle, die die Riten Shivas praktizieren und ihm folgen, sind nichts als Ketzer,

13

die sich dem wahren Glauben widersetzen. Sie haben der rituellen Reinheit abgeschworen, leben im Irrtum, tragen verfilztes Haar, behängen sich mit Knochenketten und bestreuen sich mit Asche. Sie praktizieren die Einweihungsriten Shivas, bei denen berauschende Gebräue als heilige Getränke gelten. Sie sind Ketzer, da sie die Veden und Brahmanen als Stützen der gesellschaftlichen Ordnung verachten. Die Veden sind der einzige Pfad der Tugend. Mögen sie also getrost ihrem Gott, dem König der bösen Geister, folgen.«

Trotz dieses Widerstandes wurden der Shiva- und der Lingam-Kult allmählich in die vedische Religion integriert und gingen auch in zahlreiche philosophische Texte und märchenhafte Geschichten ein, die sich auf sie beziehen. Die Gesamtheit der Texte, die aus der alten präarischen Kultur stammten und die die Invasoren mit ihrem Bann belegt hatten, wurde jedoch erst nach dem Erwachen des Shivaismus, also vom zweiten vorchristlichen Jahrhundert an, in ihre Sprache, das Sanskrit, übertragen.

Die ältesten Abbildungen des ithyphallischen Gottes und des Phallus in Indien entstanden in der Mohenjo-Daro-Zivilisation (3.–2. Jahrtausend v. Chr.). Die Megalithmonumente, denen man in Indien wie in Europa begegnet, stammen dagegen aus noch älterer Zeit. Mircea Eliade kommt in seiner umfassenden »Geschichte der religiösen Ideen« (Bd. I, »Von der Steinzeit bis zu den Eleusischen Mysterien«., S. 120 f.), zu dem Schluß, daß der Megalithkomplex, der sich »von einem einzigen, wahrscheinlich im östlichen Mittelmeer gelegenen Punkt aus« verbreitet haben dürfte, zeitlich nicht nur insgesamt »dem ägäischen Beitrag vorausgeht … Stonehenge [war] schon vor Mykene fertiggestellt; die letzte Veränderung (Stonehenge III) datiert aus der Zeit zwischen 2100 und 1900.« Bereits weiter oben betont Eliade: »Aber auch die sexuelle Bedeutung der Menhire gilt es zu berücksichtigen, denn diese ist allgemein auf verschiedenen Kulturstufen

Korsika: Stehende phallusförmige Steine, 3000 v. Chr. (Foto: Louis Trémellat)

14

Ägypten: Relieffigur, die Zeugungskraft des Pharaos darstellend.
Luxor, Außenmauer des Tempels von Karnak. (Foto: Jeanie Levitan)

bezeugt. ... Der Glaube an die befruchtende Kraft der Menhire, der unbehauenen vorgeschichtlichen Steinsäule, war bei den europäischen Bauern noch Anfang dieses [= des 20.] Jahrhunderts bezeugt. In Frankreich praktizierten junge Frauen, um Kinder zu bekommen, das ›Gleiten‹ (sie ließen sich einen Stein hinuntergleiten) und das ›Reiben‹ (sie setzten sich auf einen Monolith oder rieben den Leib an einem bestimmten Felsen« (*ebenda*, S. 116).

Im Okzident begegnen wir im mediterranen und skandinavischen Raum der Phallusverehrung seit prähistorischer Zeit und in den dionysischen Kulturen bis in das sechste nachchristliche Jahrhundert hinein. Der Phallus wurde in den ägyptischen Tempelanlagen ganz allgemein verehrt, wobei dem zerstückelten Zeugungsorgan des Osiris im Reich der Pharaonen ganz besondere Ehren zuteil wurden. In Hellas spielte der Phallus eine große Rolle in den Zeremonien zu Ehren von Hermes und Dionysos. Die Verehrung des heiligen Präpuciums, – der Vorhaut Christi, die Gottfried von Bouillon aus Palästina mitgebracht hatte –, wird noch heute in Frankreich und Italien praktiziert und ist gleichfalls ein Relikt dieses Kultes. Auf Gräbern aufgerichtete Phalli sind im prähellenischen Anatolien und Phrygien südlich des Marmara-Meeres sowie in Italien bereits seit der frühesten Eisenzeit zu finden. In Rom stammt »der Brauch, Phalli in die Mauern der Stadt zu meißeln, von den Etruskern« (Jean Marcadé: »Roma Amor«). Dasselbe gilt auch für die römische *bulla,* ein phallisches Amulett, das die römischen Generäle am Tag ihres Triumphzuges zu tragen pflegten.

In der hellenisch-griechischen Welt galt Thrakien als die Heimat von Orpheus, und von dort stammte auch der Phalluskult. Hermes wurde in Gestalt des Priap durch eine Säule verehrt, genannt »Herme«, die einen Kopf und das männliche Geschlechtsteil trug.

»Zu den bedeutendsten Grundtypen der keltischen Götter ... gehört der Hörner tragende, phallische Gott der keltischen Stämme. ... Das früheste keltische Porträt des geweihtragenden Gottes findet sich in dem alten Heiligtum im norditalienischen Val Camonica ... aus einer Zeit um 400 v. Chr. Der Name dieses Gottes mit Geweih ist uns nur aus einer einzigen Inschrift als Cernunnos, ›der Gehörnte‹, bekannt ... Über seinem linken, gebeugten Arm sind Spuren der gehörnten Schlange, seines beständigsten Kulttieres, zu erkennen. ... Sein Anbeter, von kleinerer

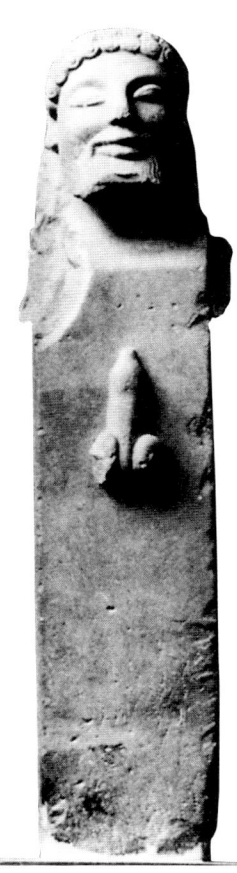

Hellas: Hermes von Siphnos, Marmor. (Nationalmuseum, Athen. Foto: Antonia Mulas)

Statur und die Hände in der gleichen *Orans*-Haltung erhebend wie der Gott – es ist die typische Gebetshaltung der Kelten – hat deutlich ithypallische Merkmale … Zuweilen wurde der gehörnte Gott in römischen Kontexten mit Merkur assoziiert, und zwar zweifellos in seiner früheren Rolle als Beschützer der Viehherden. Auch er wird gewöhnlich ithyphallisch dargestellt, nur trägt er keine Waffen, sondern Beutel und *wand* (Zauber- bzw. Seherstab) des klassischen Gottes.« (Anne Ross: »Primitive Erotic Art«, S. 83 f.)

Der keltische Gott Cernunnos ist auch auf den gallischen Altären von Paris und Reims dargestellt.

II

SYMBOLIK

DAS BILD DES SCHÖPFERS DER WELT

Der »kleine Unterschied«, an dem man sogleich bei der Geburt erkennt, ob das Kind ein Junge oder Mädchen ist, ist sein ›Geschlecht‹. Daher wird das männliche Organ im Sanskrit *linga* genannt, was soviel wie ›Zeichen‹ bedeutet.
»Das unterscheidende Zeichen, an dem man die Natur einer Sache erkennen kann, wird daher Linga genannt.« (*Linga Purāna*, 1.6.106)
Das Prinzip, aus dem das Universum hervorgegangen ist, ist ohne Form, ohne Lingam, ohne unterscheidendes Zeichen.
»Shiva (die höchste Gottheit) ist ohne Zeichen (ohne Geschlecht), ohne Farbe, ohne Geschmack, ohne Geruch, außer Reichweite für Worte und Berührung, ohne Eigenschaften, unverrückbar, reglos«. (*Linga Purāna*, 1.3-2.3)
Das absolute, unmanifestierte Wesen läßt sich nur durch das Werk seiner Schöpfung wahrnehmen, das sein Zeichen, sein Lingam ist. Die Existenz eines übersinnlichen, transzendenten Wesens, das die Welt denkt, läßt sich nur durch dieses Zeichen erfahren. Der Lingam oder Phallus, Ursprung und Quell des Lebens, ist die Form, durch die sich das absolute Wesen erahnen läßt, aus dem die Welt hervorgegangen ist.
»Wir verehren in der Sonne die Spenderin des Lichtes, die Summe aller Augen; genau so verehren wir im Phallus Shiva, der in aller Zeugungskraft präsent ist. Was wir verehren und wovon wir Abbilder machen, ist nicht irgendein bestimmtes Auge, sondern die Sonne, das vollkommene Auge an sich, das uns das Augenlicht, die Quelle aller Sehkraft, verleiht. Genauso wird Shiva, das vollkommene Wesen an sich, im Phallus, seinem Symbol, verehrt.« (*Lingopāsanā Rahasya Siddhānta*, Bd. II, S. 154)
»Wenn man den Lingam verehrt, erhebt man nicht ein physisches Organ zum Gott, sondern erkennt lediglich eine ewige und göttliche, im Mikrokosmos manifestierte Form an. Das menschliche Organ ist das Bild des göttlichen Sinnbildes, der kausalen, ewigen Form des Lingam, die in jedem Ding präsent ist. Der Phallus ist der wahrnehmbare Aspekt des Göttlichen, der zehn Finger breit aus dem Ungeschaffenen herausragt.« (*Purusha Sūkta, Rigveda* X. 90)
Im Mikrokosmos, d. h. im Menschen, ist das Geschlechtsorgan als Quelle des Lebens die Form, in der sich die Natur der Formlosen manifestiert. Dabei wird jedoch »nicht der Phallus als solcher verehrt, sondern der, dessen Zeichen der Phallus ist, der Erzeuger, das kosmische Wesen. Der Phallus ist das Emblem, das Zeichen der Person Shivas, dessen Symbol er ist«. (*Shiva Purāna*, 1.16.106–107)

Nepal: Ithyphallischer Shiva, 17. Jh., Kathmandu.
(Aus: James Wassermann: »Art and Symbols of the Occult«. Foto: Ira Landgarten)

»Das Symbol des kosmischen Menschen Purusha, der Archetyp, der Plan des Universums, der in jedem Ding präsent ist, ist das männliche Zeichen, der Phallus. Das Symbol der Energie, die die Substanz der Welt, die Erzeugerin all dessen ist, was existiert, ist das weibliche Organ, die Yoni.« (*Lingopāsanā Rahasya*, S. 154)

DAS SYMBOL DES UNIVERSUMS

»Aus dem ungeformten Wesen, in dem es keinerlei unterscheidendes Zeichen gibt, erscheint ein Zeichen, das das Universum ist. Dieses Zeichen läßt sich benennen, berühren, ein- und ausatmen, sehen und schmecken. Es ist die Quelle der grob- und feinstofflichen Elemente.« (*Linga Purāna*, 1.3.3–4)
»Die Grundnatur wird daher Phallus genannt. Derjenige, der dieses unterscheidende Zeichen besitzt, ist das höchste Wesen.« (*Linga Purāna*, 1.17.5)
»Der Lingam hat seine Wurzel im Ungeformten, im Unmanifestierten (*avyakta*). Shiva selbst ist daher lingamlos. Der Lingam ist das Ding-des-Shiva.« (*Linga Purāna*, 1.3.3–4)

Indien: Shiva-Lingam, weißer Quarzsandstein,
ca. 4. Jh. (Foto: Nik Douglas)

»Shiva als unteilbares ursächliches Prinzip wird in der Form des Phallus verehrt. Seine verschiedenen Manifestationen in der erschaffenen Welt werden durch anthropomorphe Bilder dargestellt. Alle anderen Götter sind Teil der Vielheit und werden daher durch Bilder dargestellt.« (*Shri Shivatattva Siddhānta*)

»In der Hierarchie des Erschaffenen erscheint die Sonne als Erzeuger der irdischen Welt. Sie ist das Bild des Schöpfers, und daher ist ihr Symbol das Organ der Zeugung.« (*Shiva Purāna*, 1.6.105)

»Shiva sagt: ich bin vom Phallus nicht unterschieden. Der Phallus ist mit mir identisch. Er führt mir meine Anhänger zu, darum muß man ihn verehren. Meine Lieben! Wo immer sich ein erigiertes Glied findet, dort bin ich selbst präsent, auch wenn sonst keine andere Darstellung von mir vorhanden ist.« (*Shiva Purāna, Vidyeshvara Samhitā* 1.9.43–44)

»Der Phallus ist das Fundament der ganzen Welt. Alles ist aus dem Lingam hervorgegangen. Wer nach der Vollendung der Seele strebt, muß den Lingam verehren.« (*Linga Purāna* 1.3.7)

»Er ist der Herr, der die Quelle aller Lust ist ... Damit das Dasein eine ewige Freude sei, muß der Gläubige den Phallus verehren, der Gott Shiva selbst ist. Wir verehren die Sonne, die die Welt gebärt und unterhält, als Symbol des Ursprungs der irdischen Welt. Genauso muß man in Gestalt des Phallus Shiva, das Prinzip des Universums, verehren. Das Ding, an dem das männliche Prinzip zu erkennen ist, wird Phallus genannt. Der Phallus ist das Symbol des Gottes.« (*Shiva Purāna, Vidyeshvara Samhitā* 1.16.103–106)

Wo immer sich der archaische Phalluskult verbreitet hat, spielen seine Darstellungen und sein Kult eine wesentliche Rolle.

MAHĀ-LINGA – DAS TRANSZENDENTE ZEICHEN

»*Purusha*, der kosmische Mensch (das ideenbildende Prinzip der Welt), und *Prakriti*, die Natur (die universelle Substanz) sind eins und dennoch unterschieden, und, obwohl unterschieden, dennoch unzertrennlich. Sie existieren nur in bezug auf das jeweils andere. Aus der Sicht des Prinzips betrachtet, bilden sie einen Teil des Manifestierten, und doch existieren sie, aus der Sicht der Welt betrachtet, bereits vor der Schöpfung. Ihr ungeteilter Zustand, das Stadium, in dem das Zeichen, der Lingam, noch mit dem Zeichenlosen (*alinga*) vereint ist, wird Mahā-Linga, das transzendente Zeichen, genannt. Es repräsentiert die unabhängige Gottheit (*niralamba*) außerhalb des Wandels (*nirvikara*).« (Gopināth Kavirāj: »Linga Rahasya, Kalyāna, Shiva anka«, S. 476)

Das universelle Bewußtsein, das erste Stadium in der Ordnung des Geschaffenen, wird im Sanskrit *mahat brahma*, das »große Prinzip«, genannt. »Das große Brahman ist mein Schoß, in den leg' ich den Lebenskeim, / Das Werden aller Wesen hat dort seinen Ursprung ...« (*Bhagavad Gītā*, 14.3, Übersetzt von L. v. Schröder)

»Für die lateinischen Philosophen und Mythographen ist der Gott Pan, repräsentiert durch Priap, das Symbol des Ganzen, des Universums. In den orphischen Hymnen ist Pan das erste Prinzip der Liebe, der in der universellen Materie verkörperte Schöpfer. Himmel, Erde, Feuer und Wasser sind seine Glieder.«
(Payne Knight: »The Worship of Priapus«, S. 13)

DER GÖTTLICHE EROS

In dem unwandelbaren kausalen Wesen tritt erstmals das Begehren auf – der Wunsch, sich fortzupflanzen. »Er wird begehren. O könnte ich mich doch fortpflanzen! Könnte ich doch zu mehreren werden!« (*Taittiriya Upanishad*, 2.6.1) In Griechenland ist der Eros stets mit Himeros – Begehren und Verlangen – verbunden.
»Das Begehren, die Anziehung der Gegensätze, ist die erste Manifestation des Dualismus; aus ihm entsteht die Unterscheidung zwischen dem Menschen und der Natur. Durch das Begehren mit der Natur verbunden, zeugt der kosmische Mensch unzählige Welten. Dieses Begehren, diese Neigung zur Lust, die Teil seiner Natur ist, ist der übernatürliche Eros.« (Karpātri: »Lingopāsanā Rahasya«, Siddhanta, Bd. II, S. 153)
»Das Begehren ist Teil des universellen Wesens, das in allen Dingen präsent ist.«
(*Bhāgavata Purāna*, 10.55.1)
»Aus dem Ur-Ei geboren, war Eros der erste der Götter; ohne ihn hätte kein weiterer Gott geboren werden können. Noch vor Aphrodite geboren, steht er am Ursprung aller Tier- und Pflanzenarten. Ihm ist die Vereinigung zwischen Himmel und Erde zu verdanken. Nach Ansicht der orphischen Lehre tritt der Gott Eros Protogonos, das Urprinzip des Eros, zugleich mit dem Äther, d. h. gleich zu Anbeginn der Welt, in Erscheinung. Als Kind der Zeit (*Kronos*) und der Notwendigkeit (*Anagyne*), wirkt er ewig zeugend auf die unbelebte Materie (*Chaos*) ein.
In den orphischen Hymnen ist Eros ›der Vater der Nacht‹, der das Licht an sich zieht. Durch Bewegen seiner Flügel dringt er in die Welt ein. Er hat die Namen der Herrliche, der Oberste Herrscher, Priapus und der Erleuchtete.« (Payne Knight: »The Worship of Priapus«, S. 9)
»(Eros) war ein wilder Knabe, der keinerlei Respekt vor Alter und Umständen zeigte, aber mit goldenen Flügeln durch die Lüfte flog, aufs geradewohl gefiederte Pfeile abschoß oder mit seinen schrecklichen Fackeln mutwillig die Herzen in Brand steckte … Sein berühmtester Schrein befand sich in Thespiae, wo die Böotier ihn in Form einer schlichten phallischen Stele anbeteten – den Hirten-Hermes oder Phallos, wie ein anderer seiner Namen lautete.« (Robert Graves: »The Greek Myths«, 1.15.1.)

Indien: Bhuvaneshvar, Tempel von Mukteshavara. Shiva und sein »avatara«
von Lakulisha, 10. Jh.

DER PHALLUS – DAS ORGAN DER LUST

Nach Ansicht der shivaitischen Mystik dient die erotische Ekstase – ähnlich wie in den dionysischen Orgien – nur in zweiter Linie der Fortpflanzung. Allem voran dient sie dem Streben nach Lust und Freude. In den erotischen Ritualen muß man »um Gott zu gefallen, … sein Symbol auch unabhängig von seiner körperlichen Funktion verehren. Während seine Funktion darin besteht, Leben zu zeugen, ist das Zeugen von Leben hier jedoch ausgeschlossen«. (*Shiva Purāṇa, Vidyeshvara Samhitā*, 1.16.108)

Wenn Shiva sich mit seinen Geliebten – Shakti, Pārvatī oder Satī – vereint, so geschieht dies nicht zum Zweck der Fortpflanzung. Die Kinder der einen oder anderen werden separat auf andere Art gezeugt: Skanda, der Gott der Schönheit und Anführer des Götterheeres, ist aus Shivas Samen geboren, der zuerst in den Schlund des Opferfeuers und von dort in die Wasser des Ganges fiel. Ganapati, der elefantenköpfige Gott, zu dem man vor allen Unternehmungen betet und der den Eingang des Hauses schützt, ist der Sohn einer Göttin und aus ihren Hautschuppen geschaffen, die sie verlor, während sie ihr Bad nahm.

Nach dem *Sepher Jesira* erfüllt der Phallus eine Funktion, die nicht nur eine zeugende ist, sondern die auf der Ebene der Strukturen, die der Mensch geschaffen hat, und in der Ordnung der Welt ausgleichend wirkt. Dies ist der Grund, weshalb das »siebente Glied« mit dem »Gerechten« und dem siebenten Schöpfungstag in Bezug steht. Unter verschiedenen Darstellungsformen bezeichnet er die schöpferische Kraft und wird als die Quelle des Lebens an sich verehrt. (Vgl. Gershom Scholem: »Die Ursprünge der Kabbala«, Kap. 7: »Die Syzygie des Männlichen und Weiblichen – Die 7. und 10. Sephira im Bahir – Symbolik des Gerechten«, S. 134–143).

Nach Ansicht des Shivaismus ist die Lust das Bild des göttlichen Seinszustandes. Daher manifestiert sich das Göttliche, sobald es sich unter seinem zeugenden, fortpflanzenden Aspekt manifestiert, zugleich auch unter dem Aspekt der Lust. Das Geschlechtsorgan hat daher eine zweifache Rolle: die niedere der Fortpflanzung und die höhere, durch die es mit dem göttlichen Sein in Berührung gelangen kann, nämlich mit Hilfe der Ekstase der Lust (*ananda*). Die Ekstase, der Orgasmus, ist ein »Gefühl des Göttlichen«. Während die Vaterschaft den Mann an die irdischen Dinge bindet, kann die Ekstase der Lust ihm also die göttliche Wirklichkeit offenbaren und ihn zu Losgelöstheit und spiritueller Verwirklichung führen. »Der Phallus ist die Quelle der Lust. Er ist das einzige Mittel, zu irdischer Lust und irdischem Heil zu gelangen. Indem sie ihn betrachten, ihn berühren und über ihn meditieren, können sich die Lebenden aus dem Kreislauf künftiger Leben befreien.« (*Shiva Purāṇa, Vidyeshvara Samhitā*, 1.9.20)

»Das Zentrum der Lust befindet sich im Geschlechtsorgan (*upastha*), im kosmischen Lingam, der Quelle aller Lust. In der irdischen Welt ist alle Liebe, alle Sinnlichkeit, alles Begehren eine Suche nach Lust. Wir begehren die Dinge nur, soweit sie uns Lust verschaffen. Die Gottheit ist nur deshalb ein Objekt der Lie-

*Indien: Basrelief, genannt »Spermaopfer auf dem Hausaltar«,
8. Jh., Tempel von Gyaraspur.*

be, weil sie eine ungetrübt reine Lust darstellt. Die anderen Dinge sind Objekte vergänglicher Liebe, denn sie verschaffen uns nur flüchtige Befriedigung.

Der Lüsterne begehrt nur deshalb nach der Frau, weil er in ihr die Form seiner Lust, die Quelle seiner Ekstase sieht. In der Freude des Besitzens wird die Qual des Begehrens für einen Augenblick befriedigt und der Mann erfährt die Lust, die das Ziel seines Begehrens ist, und in der Lust nimmt er seine eigene Wesensnatur wahr, die die Freude ist.

Alle erotische Ekstase, alle Lust ist eine Erfahrung des Göttlichen. Das gesamte Universum entspringt aus der Ekstase. Die Lust ist der Ursprung alles Seienden. Die vollkommene Liebe aber ist die, deren Objekt grenzenlos ist. Diese Liebe ist die reine Liebe, die Liebe der Liebe an sich, die Liebe des transzendenten, übersinnlichen Seins-in-Lust.« (Karpātrī: »Lingopāsanā Rahasya«, Siddhanta, Bd. II, S. 153)

BĪJA – DER SAME

Das Sperma stellt die Essenz des Lebens dar. Es ist die beste aller Opfergaben, die reinste Form des Opferelexiers (*Soma*). Alle Wesen sind aus einer Opfergabe Sperma geboren, die in das Feuer des Begehrens geworfen wurde. Agni, der Herr des Feuers, wird dargestellt, wie er das Sperma trinkt, das aus Shivas Phallus spritzt.

Das Sperma wird unter den verschiedensten Namen verehrt. Es füllt die Mondschale, die Shiva auf seiner Stirn trägt. Es ist der Ganges, der sich aus dem Kopf des Lingam ergießt. Alle Arten von Opfergaben sowie alle Tränke, die Leben oder Unsterblichkeit verleihen, werden als besondere Formen von Shivas Sperma dargestellt.

Das Sperma wird *bīja* (der Same), *soma* (Opfergabe), *chandra* (Mond) oder *virya* (die männliche Essenz) genannt. In Ägypten vollzog der Sonnengott Re-Atum-Chepri »die Schöpfung durch Masturbation«. (Mircea Eliade: »Geschichte der religiösen Ideen«, Bd. I., S. 90)

Das Zeugungsorgan ist jenes geheimnisvolle Organ, durch das sich das Schöpferprinzip manifestiert, indem es die Geburt eines neuen Lebewesens auslöst. Es ist somit das Organ, durch das das Schöpferprinzip in jeder einzelnen Spezies sichtbar dargestellt ist. Das Sperma, das potentiell das gesamte Erbe der Vorfahren sowie Rasse und Merkmale des künftigen Lebewesens enthält, wird *bindu* (Tropfenpunkt) genannt. Es bildet nämlich in der Tat die winzige Brücke zwischen Sein und Nichtsein. Das Zeugungsorgan ist daher das Organ, durch das eine Kommunikation zwischen dem Menschen und der schöpferischen Kraft als Manifestation des göttlichen Seins entsteht.

Im Mikrokosmos, d. h. im Mann, ist der Plan im Samen enthalten und wird erst Wirklichkeit durch die Materie, die ihn im Bauch der Mutter, im Ei, dem Ausgangspunkt jedes Lebewesens, nährt.

Zu den landwirtschaftlichen Ritualen vieler Zivilisationen gehören auch rituel-

Shiva-Lingam mit Opfergaben von Pilgern, Kathmandu.
(Foto: Kevin Bubriski)

le Spermaopfer – so z. B. auch heute noch in Afrika, wo in bestimmten Regionen die jungen Männer des Stammes Löcher in die Erde bohren, in die sie ihren Samen hineinspritzen. In den Ritualen der Hindus – außer in bestimmten tantrischen Praktiken – werden anstelle von echtem Sperma symbolische Ersatzstoffe wie Regenwasser, Reis- oder andere Getreidekörner verwendet. In der keltischen Religion fand, »seitdem der flüssige Same als erzeugende Ursache der Befruchtung erkannt wurde, … die Gleichsetzung des Himmels mit den Eigenschaften ›männlich‹ sowie ›eine weibliche Erde befeuchtend und befruchtend‹, die in den ältesten Schichten so vieler Literaturen auftaucht, bereits in sehr frühen Entwicklungsstufen der Landwirtschaft statt.« (Philip Rawson: »Primitive Erotic Art«, S. 50)

In der Alchemie, deren Ursprung auf den Shivakult zurückgeht, entspricht das Quecksilber dem Mond, der Spermaschale Shivas. In den tantrischen Ritualen wird der Lingam mit Quecksilber geweiht. Bei den Chinesen wird das Quecksilber »flüssiges Silber« genannt und repräsentiert das Sperma, das Wasser, die Lenden, das Blut und den Drachen. Das Wechselverhältnis Quecksilber-Zinnober entspricht dem zwischen *Yin* und *Yang*.

In Ägypten und Hellas wurden wie in Indien die rituellen Phalli mit Zinnober bemalt. In der abendländischen Alchemie entstehen die Metalle durch die unterirdische Vermählung zwischen dem als weiblicher Same betrachteten Quecksilber und dem als männlicher Same betrachteten Schwefel.

»Der Same Shivas und seiner Geliebten Sati fiel auf den Rücken der Erde und füllte die Welt. Dieser Same zeugte alle phallischen Embleme Shivas, die sich in der Unterwelt, auf der Erde und im Himmel finden. Aus ihm sind alle Embleme Shivas der Vergangenheit und der Zukunft geschaffen. Der Lingam Shivas ist aus dem Verstrahlen der beiden Samen hervorgegangen.« (*Nārada Pāncharātra*, 3.1)

YONI – DIE VULVA

In dem Heiligtum, in dem man ihn verehrt, wird der Lingam umgeben von der Yoni, dem weiblichen Organ, dargestellt.

»Die universelle Energie, die Substanz der Welt, wird durch die Yoni dargestellt, die den Lingam umschließt. Erst wenn der Phallus, der Spender des Samens, von der Yoni umgeben ist, kann der Gott sich manifestieren und das Universum in Erscheinung treten.

Das Symbol des kosmischen Menschen Purusha, des Ungeformten, des Unwandelbaren, des alles sehenden Auges, ist das maskuline Emblem, der Phallus. Das Symbol der Energie, die die Substanz der Welt, die Erzeugerin alles Seienden ist, wird durch das weibliche Organ, die Yoni, dargestellt.« (Karpātrī, »Lingopāsanā Rahasya.« Siddhanta, Bd. II, S. 154) »Die Yoni stellt den Mutterschoß der sichtbaren und feinstofflichen Welt dar« (*Yajur Veda, Vājaseṇīya Samhitā*, 13.3; *Taittirīya*

Samhitā 4.2.8.2), »den universellen Mutterschoß, in welchem sich alles Individuelle entwickelt« (*Shvetāshvatara Upanishad*, 5.55).

Der Phallus befruchtet diesen Mutterschoß. Der Samengeber ist der Phallus, er befruchtet die Natur, und diese gebiert die sichtbare Welt mit ihren vielfältigen Formen des Lebens.

»Weil sie der Ursprung allen Lebens ist, wird die Natur mit einem Mutterschoß verglichen.« (*Shiva Purāna*, 1.16.101)

»Dieser Mutterschoß ist die Natur, die Basis unseres Seins. Derjenige, der sich an ihr ergötzt, ist Shiva. Er ist derjenige, der die Lust spendet. Es gibt keinen anderen Spender außer ihm.« (*Shiva Purāna*, 1.16.101)

Der Phallus als befruchtendes Universalprinzip ist einzigartig. Zur Schaffung jeder einzelnen Seinsform bedarf es aber eines anderen zu befruchtenden Mutterschoßes. Daher werden die verschiedenen Spezies als Yonis oder Mutterschöße bezeichnet. Die *Purānas* sprechen von 8 400 000 verschiedenen auf Erden existierenden Yonis oder Arten von Lebewesen.

Das als Shiva bezeichnete Prinzip stellt die Gesamtheit aller im Universum existierenden Zeugungskraft dar. Alle individuelle Zeugung ist ein winziger Bruchteil davon.

»Das Universum ist aus der Beziehung zwischen einem männlichen und einem weiblichen Prinzip hervorgegangen. Alles trägt daher die Signatur des Lingam und der Yoni. Die Gottheit dringt in der Form individueller Phalli in jeden individuellen Mutterschoß ein und zeugt alle Lebewesen«. (Karpātrī: »Lingopāsanā Rahasya«, Siddhanta, Bd. II, S. 163)

Selbst der Name des Heiligtums von Delphi kommt von *delphis,* was Mutterschoß bedeutet.

DIE VEREINIGUNG DER GESCHLECHTER

In dem Zustand vor der Manifestation bilden die Götter nur ein einziges Wesen, und es gibt keine wahrnehmbare Dualität, keine positive oder negative Kraft. Sobald sich aber in dem noch undifferenzierten Substrat die erste Tendenz in Richtung Manifestation zeigt, ist bereits Dualität vorhanden. Diese Dualität ist von der Art zweier entgegengesetzter Anziehungspole – der eine mit positiver und der andere mit negativer Tendenz –, die sich in der gesamten Schöpfung durch männliche und weibliche Aspekte manifestieren werden. Ohne die Vereinigung der Gegensätze könnte es keine Schöpfung geben. Nichts kann aus Shiva allein oder aus der Natur allein hervorgehen. Ohne die Vereinigung eines aktiven und eines passiven Prinzips, eines männlichen und eines weiblichen Organs, ist keine Schöpfung möglich. Die Vereinigung des ›Kosmischen Menschen‹ und der ›Universalen Natur‹ wird durch die Kopulation (*maithuna*) zwischen Shiva und der Göttin dargestellt.

Das Männliche, die Grenzen der Erfahrung überschreitende, übersinnliche, ist die immanente Ursache der Schöpfung. Das transzendente Weibliche ist ihre wirkende Ursache. Auf mikrokosmischer Ebene treten diese Prinzipien vor allem in den Fortpflanzungsorganen in Erscheinung, und diese repräsentieren die essentiell physische Funktion des lebenden Wesens. Alles in der Natur dreht sich um die Fortpflanzung und ist geschaffen, um die Fortdauer des Lebens zu gewährleisten. In der Vereinigung des Lingam und der Yoni tritt die Gottheit, die Macht zu schöpfen, im Menschen in Erscheinung. Ohne eine solche Vereinigung kann es keine Fortpflanzung geben, und ohne ihre kosmische Entsprechung kann es keine Manifestation des Göttlichen geben.

Die Rituale, die uns die Möglichkeit geben, mit den Göttern zu kommunizieren, folgen dem Muster des Liebesakts:

»Der erste Anruf ist die Anrufung des Gottes (*hinkāra*).

Die Aufforderung stellt die Laudes dar (*prastāra*).

Sich an der Seite der Frau niederzulegen ist das Magnifikat (*udgītha*).

Sich einander von Angesicht zu Angesicht zuzuwenden ist der Chor (*pratihāra*).

Der Orgasmus ist die Segnung.

Sich voneinander zu lösen ist die Schlußhymne (*nidhāna*).

Wer begreift, daß jeder Geschlechtsakt eine Hymne an *Vāmadeva,* die Feuerform Shivas, ist, der schöpft sich selbst bei jedem Beischlafakt aufs neue. Er durchlebt die gesamte Dauer seines Lebens, er lebt lange und wird reich an Nachkommen und Vieh und reich an Ruhm.« (*Chāndogya Upanishad,* 2.13.1)

In der keltischen Mythologie gibt es den »mächtigen Fergus mac Roich, ›Fergus, Sohn des Großen Pferdes‹, der bereits mit seinem Namen Virilität suggeriert. … Sein Penis wird als sieben Finger lang beschrieben; er vereint sich mit der göttlichen Königin Medb, der ›Berauschten‹, deren sexuelle Sinneslust ohne Grenzen ist.« (Anne Ross: »Primitive Erotic Art«, S. 83)

Die Übermittlung der Erbinformation, ihre Einpflanzung in ein streng ausgewähltes Terrain, die Weitergabe des Erbes der Vorfahren, – das die Archetypen enthält, die aus dem göttlichen Denken hervorgegangen sind –, an ein neues Lebewesen, dies ist der wichtigste religiöse Akt im Leben des Menschen. Er muß gefeiert werden wie ein Ritual und nach Regeln, die die günstigen Momente und die Konvergenz der Gestirne berücksichtigen, so daß der neue Träger der Fackel seiner Rolle gerecht wird und die durch die lange Reihe der Ahnen ausgebildete Spezies fortlebt, nicht degeneriert oder auf ihrem Weg zugrunde geht. Alle Religionen weisen dem Fortpflanzungsakt in ihren Moralvorstellungen eine zentrale Rolle zu, und zwar selbst dann, wenn sie zeitweise den Sinn für sie verloren und ihre Werte pervertiert haben. Was zu verurteilen ist, ist nicht das sexuelle Vergnügen in seinen unendlich vielen Formen, sondern die unreflektierte, ungeeignete Fortpflanzung, die wahllose Vermischung der Arten und Rassen, eine Vermischung, die das von den Göttern vorgezeichnete und durch die Reihe der Vorfahren weiter vermittelte Muster verfälscht.

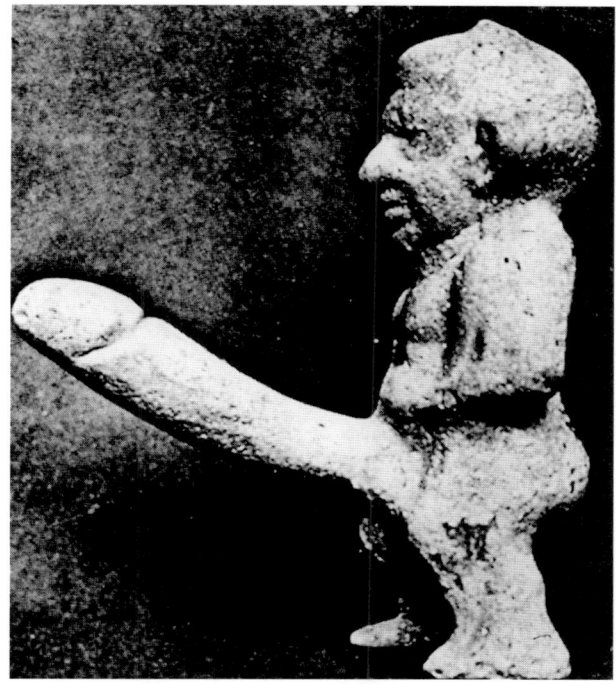

Hellas: Der ithyphallische Gott Ben. (Foto aus:
Rufus Camphausen: »Encyclopedia of Erotic Wisdom«.)

Die Fortpflanzungsrituale werden in den Tantras beschrieben. Zu ihnen gehört ebenso die Verehrung der Organe wie die bildliche Darstellung der göttlichen Prinzipien, die sich vereinen, um das Wunder zu vollbringen. Die Fortpflanzungsorgane nicht mehr als Symbole des göttlichen Prinzips zu erkennen und sie nicht mehr als solche gebührend zu würdigen, ist der erste Schritt auf dem Weg zu moralischem Verfall und Entwürdigung der Spezies.

Nur durch sexuelle Vereinigung können neue Wesen überhaupt existieren. Diese Vereinigung stellt daher eine Brücke zwischen zwei Welten dar, einen Punkt, an dem das Nichtsein und das Sein miteinander in Berührung kommen, an dem sich das Leben manifestiert, an dem sich der göttliche Geist inkarniert. Die Form der Organe, die dieses Ritual vollziehen, ist eine symbolische. Sie sind die sichtbare Form des Schöpfers.

DER VATER – DER PHALLUSTRÄGER

Bei allen Lebewesen – den menschlichen, den tierischen und den pflanzlichen – dreht sich alles um das Fortpflanzungsorgan. Der Mann ist nichts anderes als der »Phallusträger« (*linga-dhara*), der Diener seines Geschlechts. Der Begriff »Gottvater« ist lediglich eine puritanische Transposition des göttlichen Phallus. Der Vater ist derjenige, dessen Zeugungsglied seinen Samen in das entsprechende Gefäß, d. h. in die *arghya* oder Vagina, gießt.

Für Freud bezeichnet der Phallus das, was in der Sexualität nicht durch das Individuum geleistet werden kann.

Als Quelle der Manifestation betrachtet werden Shiva und seine Energie Shakti durch ihre Fortpflanzungsorgane symbolisiert. Der Phallusbesitzer repräsentiert das unmanifestierte, unerkennbare Stadium. In einer weniger abstrakten Symbolik kann die unerkennbare Entität, deren Zeichen der Phallus ist, durch den Vater, den Phallusträger, ersetzt werden. Das Wesen in seiner Ganzheit, als die Entität betrachtet, deren sexuelle Ekstase die Schöpfung und deren Symbol der Phallus ist, wird tatsächlich gelegentlich als Vater bezeichnet.

»Welche Formen (auch immer) in allen Mutterschößen entstehen, o Sohn der Kunti – das große Brahman (ist) ihr (Ur)Mutterschoß, und Ich der samengebende Vater.« (*Bhagavad Gītā* 14.4; in der wörtl. Übersetzung von H. Maldoner)

»Ich bin der Vater dieser Welt.« (*Ebenda*, 9.17)

»Wie ein Vater und eine Mutter, so zeugt das Wesen, das die Welt und auch die Materie erdenkt, in der es sich verwirklicht, sämtliche Formen des Seins. Hier auf Erden schwängern die Männer, die nach Nachkommenschaft begehren, die Frauen. Auf die gleiche Art schwängert das höchste Wesen, wenn es Nachkommenschaft begehrt, die Natur.« (Karpātrī: »Lingopāsanā Rahasya«, Siddhanta Bd. II, S. 153)

Die Funktion als solche ist das Wichtige und Immerwährende. Das Individuum, das die Funktion erfüllt und das ihr entsprechende Organ trägt, ist nur ihr vorübergehendes und austauschbares Instrument. Die Tendenz, das konkrete Symbol, das das Fortpflanzungsorgan ist, durch das symbolische Bild eines Vaters zu ersetzen, ist eine Substitution, die unnötige anthropomorphe Elemente ins Spiel bringt und den Abstraktionsgrad des dargestellten göttlichen Aspekts vermindert.

Für Freud macht die sexuelle Fortpflanzung das Individuum zum zufälligen Träger, ja zum Anhängsel des genetischen Codes. Die Entdeckung der phallischen Phase sei gleichbedeutend mit dem Erkennen der Dominanz des Symbolischen gegenüber dem Wirklichen und dem Imaginären, der Vorzeitigkeit des Bezeichnenden gegenüber dem Bezeichneten (vgl. Freud: Gesammelte Werke, Bd. 5, S. 100).

III
DARSTELLUNGEN DES PHALLUS

DER AUFGERICHTETE STEIN

Überall, wo sich der Phalluskult ausgebreitet hat, wird sein Vorkommen in Gestalt von aufgerichteten Steinen bestätigt. Wir begegnen ihnen in Indien, Griechenland, Mesopotamien, Tharkien, Ägypten, auf Kreta, Malta und Korsika sowie in der Bretagne und auf den Britischen Inseln.

In Knossos auf Kreta wie in Theben oder auf Malta wurde der Gott durch eine Säule oder Stele geehrt. *Orthos,* der »Aufgerichtete«, steht für Dionysos/Pfeiler oder Dionysos/Priap. Shiva ist *urdhvalinga,* der »mit dem aufgerichteten Glied«. Daneben wird er auch *Sthanu* (Säule) genannt, und in ähnlicher Weise hat Dionysos den Beinamen *Perikionios* (von der Säule). Die minoischen Pfeiler sind nach Evans ungegenständliche Abbilder der Gottheit. Die Vierkantpfeiler waren Darstellungen von Hermes, die zylindrischen Säulen Symbole von Merkur.

Der Phallus wird in Gestalt eines aufgerichteten Steins (*sailaja*) oder im ithyphallischen Abbild des Gottes verehrt. Daneben wird er aber auch von Yoni, dem weiblichen Organ, umschlossen dargestellt. In dieser Form ist er im shivaitischen Tempel zu finden.

In den Heiligtümern wird der Phallus, das Emblem Shivas, vertikal aufgerichtet dargestellt und ist in drei Teile gegliedert. Der untere Teil ist quadratisch und im Sockel verborgen. Er symbolisiert Brahma, den Former, jene Anziehungskraft, die die Welten formt. Der mittlere Teil ist oktogonal im Profil und repräsentiert Vishnu, die Zentripetalkraft der Konzentration, die die Materie gebiert. Der obere Teil ist zylindrisch und repräsentiert Shiva, die Zentrifugalkraft der Expansion, den eruptiven Erguß, aus dem Form und Materie entstehen. Die Basis des Lingam ist wiederum von der Yoni, dem empfangenden Gefäß, umschlossen.

»An der Wurzel ist Brahma, in der Mitte Vishnu, der Herr der drei Welten. Darüber erhebt sich der stolze Rudra, der Große Gott, der ewige Friedenspender, dessen Name die magische Silbe *Aum* ist (Rudra, der »Brüllende«, repräsentiert den Aspekt des in seinem Schöpfungswerk präsenten Schöpfers). Der Altar des Phallus ist die Große Göttin. Der Phallus selbst aber ist der wahre Gott.« (*Linga Purāna,* 1.73.19–20)

Der von der Yoni eingefaßte Teil des Phallus ist die Quelle der Schöpfung, die Prima Causa in Berührung mit der Natur.

»Die universale Mutter bildet den Altar. Der Phallus selbst stellt das reine Bewußtsein dar.« (*Shiva Purāna,* 1.11.22)

England: Höhlenstatuette mit phallischen Zügen.
Morgan Abbey, Glamorgan. (Aus: Philip Rawson:
»Primitive Erotic Art«. Foto: C. M. Dixon)

»Der größte Teil bleibt außerhalb der Reichweite der Natur, auf ewig fern von allem«. (*Udāsīna*).

»Ein Viertel repräsentiert das Universum mit seinen Elementen und all seinen Wesen, die drei Viertel darunter sind das Unsterbliche Wesen.« (*Purushasūkta*)

Der Lingam steht in der Mitte des »Tabernakels«, eines dunklen kubischen Raumes, der den Mutterschoß (*garbagriha*) des Tempels bildet. Die Achse des aufgerichteten Phallus definiert die Achse des Turms bis zu seiner Spitze. Damit ruft er den Licht-Lingam hervor, die Achse der Welt.

In den Dionysos-Kapellen standen große Phalloi aus Metall, Holz oder Stein. Das Kultmonument von Delos, das aus den Anfängen der hellenischen Epoche stammt, besteht aus einem viereckigen Marmorsockel, in den auf einer Seite ein sich steil aufrichtender Vogel, der Phallus-Vogel der Dionysischen Mysterien, eingemeißelt ist. Auf den anderen Seiten ist ein Umzug von Priestern, Ka-

34

England: Phallische Figuren mit Schlangen- und Menschengesicht, Maryport-Cumberland. (Aus: Philip Rawson: »Primitive Erotic Art.« Foto: C. M. Dixon.)

nephoren – Mädchen, die die Kultgegenstände tragen – und Gläubigern dargestellt. Auf dem Sockel ragt ein heute abgebrochener Marmorphallus auf, der ursprünglich über 1,5 m hoch gewesen sein muß. Die Hoden waren mit Federn
bedeckt.

In Analogie zum Phallus, durch den das Sperma strömt, erscheint der Pfeiler als
ein kommunizierendes Medium, durch das das lebenspendende Prinzip der
Gottheit strömt. Er ist das Symbol des Lebensbaums, der Achse der Welt.

In Ägypten wurde Osiris durch einen Pfeiler dargestellt, der *djed* genannt wurde.

In der keltischen Kosmologie spielen Pfeiler und Säulen eine wesentliche Rolle.
So trägt eine irische Erzählung von der Ankündigung der Apokalypse den Titel
»Die Ebene der Säulen«. Zuweilen wurden abgeschlagene Köpfe auf die Men-
hire gesetzt, die dann an die Hermessäulen erinnerten.

Im Tempel Salomos repräsentierte die rechte Säule das aktive, männliche Prinzip und die linke das passive, weibliche Prinzip. Diese Symbolik wurde später
von der Freimaurerei übernommen: In jeder Loge gibt es dort auf der rechten
Seite eine rot gestrichene Säule, die das männliche Prinzip repräsentiert und
J (Jakin) genannt wird, und auf der linken eine weiß gestrichene Säule, die das
weibliche Prinzip evoziert und B (Boaz) genannt wird.

Bei den australischen Aborigines stellt der Pfeiler die Weltachse dar. Der rituelle
Pfahl erinnert an denjenigen, der von Numbakula, dem Schöpfer, beim Schmie-
den der Strukturen des Kosmos benutzt wurde.

Das Aufstellen eines steinernen Phallus ist ein verdienstvoller Akt. Mit Vorliebe
errichtet man ihn an abgeschiedenen Orten oder auf Berggipfeln. Die antiken
Shiva-Heiligtümer wie auch die zu Ehren von Dionysos befanden sich zumeist
außerhalb der Städte.

Ähnliches gilt auch für die Megalithe, die nicht nur in England, in der Bretagne
und auf Korsika, sondern auf der ganzen Welt von Indien bis zu den äußersten
Grenzen des Abendlandes zu finden sind.

Bereits der ägyptische Obelisk war ein Phallussymbol, und die gleiche Symbolik
hatten ursprünglich auch die Glockentürme und Minarette der nachfolgenden
Religionen.

»Diodor von Sizilien berichtet, daß Sesostris zu Ehren der Völker, die sich tapfer
verteidigt hatten. Säulen aufstellte, die männliche Glieder darstellten«. (Payne
Knight: »The Worship of Priapus.«, S. 114)

Die Votiv- oder Triumphsäulen – wie etwa die Trajansäule –, die in Rom als
Geste der Danksagung errichtet wurden, bezogen sich auf die gleiche Symbolik.

SPONTANE MANIFESTATIONEN
DES GÖTTLICHEN PHALLUS (*SVAYAMBHU*)

Da der Schöpfer stets in seinem Werk gegenwärtig ist, treten Gegenstände, die
an die Form des göttlichen Emblems erinnern, mitunter auch ganz spontan in
Erscheinung. So bildet sich in der Höhle von Amarnath in Kaschmir der Eis-
Lingam, den Jahr für Jahr Tausende von Pilgern anbeten.

*Kaschmir: Der heilige Lingam aus natürlichem Eis in
der Amarnatha-Höhle. (Foto aus: Rufus Camphausen:
»Encyclopedia of Erotic Wisdom.«)*

»Der Same des Gottes fiel auf die Oberfläche der Erde und erfüllte die Welt. Aus
diesem Samen gingen alle Lingams Shivas hervor, die in der Unterwelt, auf der
Erde und im Himmel zu finden sind«. (*Nārada Pañcharātra*)

Kaschmir: Eis-Lingam in der Amarnatha-Höhle. (Foto: Ives Barbeau)

Achtundsechzig solcher *svayambhu linga* werden noch heute in den verschiedenen Gegenden in Indien verehrt, wo sie das Zentrum bedeutender Pilgerorte bilden.

In den heiligen Wassern des Narbada in Zentralindien findet man längliche Flußsteine, sogenannte *shālagrāma,* die in ihrer Form an einen Phallus erinnern. Sie sind sehr gesucht und werden von vielen Hindus gesammelt und verehrt.

Ägypten: Obelisk am Eingang des Tempels von Karnak, Luxor. (Foto: Jeanie Levitan)

GEGENSTÄNDE OHNE BESONDERE FORM (BETYLEN)

Manchmal ist auch in Gegenständen, die dem äußeren Anschein nach zunächst keine besondere Form haben, die Gegenwart des Gottes zu spüren, und so werden auch diese als Lingam betrachtet. Beispiele dafür sind der rohe, unbearbeitete Stein, den Pausanias (Buch IX, Kap. 27.1) in Thespia sah und der unter dem Namen Eros angebetet wurde, der schwarze Stein von Mekka, der Makheshvara der alten Hindus.

Die heiligen Steine, die in den arabischen Ländern in vorislamischer Zeit als Gefäße der göttlichen Kraft verehrt wurden, werden heute als *Betylen* bezeichnet. Die Bezeichnung *Bethel* stammt ursprünglich aus dem Semitischen, nämlich von *beith-El* ab und bedeutet »Haus Gottes«. Die Orte, an denen sich solche Steine befanden, waren Kultzentren für die alten Hebräer. Da Moses ihre Verehrung als Götzenanbetung betrachtete, befahl er ihre Zerstörung (*Levitikus 26:1, Numeri 33:52*).

Als Jakob mit seinem Haupt auf einem solchen Stein ruhte, wurde ihm jedoch im Traum das Schicksal seiner Nachkommen offenbart (*Genesis 28:11,19*), und so richtete er diesen Stein zu einem Denkmal auf, das seither zu einem Pilgerort wurde. Josua stellte ebenfalls einen Stein auf, und zwar als Zeugnis des mit Yahwe geschlossenen Bundes (*Josua 24–27*).

Das zentrale Idol Irlands wurde *Cromm-Cruaich* oder der *Fal-Stein* genannt und war von zwölf weiteren Menhiren umgeben. Der Heilige Patrick, der diesem Kult ein Ende setzte, soll mit seinem Hirtenstab auf sie eingeschlagen und sie auf diese Art in den Erdboden versenkt haben. In Kermaria im bretonischen Morbihan gab es einen heute verschwundenen *betylus,* der mit einem Swastika verziert war.

In Thespia wurde Eros zunächst in Gestalt eines formlosen *betylus* verehrt, bis Praxiteles im 4. Jahrhundert diesen zu einer figürlichen Skulptur gestaltete. Bei den ›sprechenden Steinen‹, die von den Orakeln verwendet wurden, handelte es sich häufig um Ärolithe, so etwa bei dem Schwarzen Stein der Kybele, dem Palladium von Troja oder dem Stein, den der Dalai Lama vom König der Welt empfing.

DER OMPHALOS

Der Omphalos ist ein weißer, oben abgerundeter phallischer Stein, der die Mitte bzw. den Nabel der Welt darstellt. Er ist der Sitz einer übermenschlichen Präsenz. Der kosmische *omphalos,* der das männliche Prinzip darstellt, bildet das Gegenstück zu dem kosmischen oder Welt-Ei, das das weibliche Prinzip symbolisiert. Am häufigsten ist der Omphalos wie der indische Lingam von Schlangen umgeben, wodurch die Idee der Vereinigung der Geschlechter evoziert wird.

Der Omphalos von Delphi bildete das Zentrum des Apollokultes. Nach Varro befand er sich genau an der Stelle, wo Apollo einst die Python-Schlange getötet hatte. Nach Pindar war er nicht nur die Mitte der Welt, sondern des gesamten Universums. Er repräsentierte die Verbindung zwischen den drei Welten. Manche Menhire sind ebenfalls *omphaloi*.

»*Aigeus* (oder *agyieus*) bedeutet zugespitzter oder konischer Pfeiler. Nach Hesychios handelte es sich dabei um einen Altar in Form einer Säule, die vor Hauseingängen errichtet wurde ... Der Aigeus-Kult, der hauptsächlich, wenn auch nicht ausschließlich, mit Apoll verbunden war, stammte von der kultischen Verehrung des Aigeus-Pfeilers ab, der wiederum mit dem minoischen Verehrung des Pfeilers in Zusammenhang stand. Der Kult des heiligen Steins als Bewacher der Türen und Wege, – dies war der Hauptaspekt des Aigeus im antiken Hellas –, existierte in Anatolien bereits zu früheren Zeiten. Das Epitheton *Aigeus*, das gewöhnlich ein Verweis auf Apollo war, wurde jedoch auch Zeus und Dionysos zugeordnet. Dies ist ein deutliches Indiz dafür, daß die Verehrung des aufrecht stehenden Steins bereits älter als seine Assoziation mit Apollo war.« (R.F. Willets: »Cretan Cults and Festivals«, S. 259 f.)

Der schwarze Stein von Heliopolis im alten Ägypten hieß *benben* (aus der Wurzel *bn* »spritzen«), was an das indische Wort *skanda* (Spermastrahl) denken läßt. Der *benben* war das Symbol des Urhügels, auf dem der Gott Atum das erste Paar geschaffen hatte. Der schwarze Stein der Kybele, ein konisches Abbild des Gebirges, war ebenfalls ein Omphalos. Die Pyramide und der Obelisk erinnern noch an den ursprünglichen *benben*, der mit dem Omphalos und dem Phalluskult in Verbindung stand. Der Stein, auf dem die Bundeslade in Jerusalem ruhte, war ebenfalls ein Omphalos, der noch heute unweit des Grabes Christi zu sehen ist.

In der hebräischen Tradition, und zwar im *Sepher Bahir*, wird der Phallus mit dem Gerechten bzw. »Aufrichtigen« verglichen, der ähnlich wie eine Säule zugleich die Basis und die Stütze bildet, die das Gleichgewicht zwischen Himmel und Erde sichern.

Die als *Cairn* bezeichneten Steinanhäufungen, denen man in der keltischen Welt an Wegkreuzungen begegnet, symbolisierten den Berg der Mitte und sind eine weitere Form des Omphalos.

DIE LICHTSÄULE

Das als Shiva bezeichnete Prinzip kann als die Achse der Welt dargestellt werden, die an dem Grenzpunkt *bindu*, dem Ausgangspunkt des Universums, beginnt. Diese Weltachse wird als eine endlose Lichtsäule dargestellt. Dieser Licht-Lingam, der das Universum vom einen Ende zum anderen durchquert, ist für diejenigen sichtbar, die die Fähigkeit erlangt haben, das Transzendente wahrzunehmen.

Den Puranas zufolge stritten sich die Götter Brahma und Vishnu einmal um die Frage, wer von beiden der größere sei. Da erschien plötzlich vor ihnen eine riesige Lichtsäule. Brahma schwang sich auf seinen Schwan, erhob sich in die Lüfte, um ihre Spitze zu finden, während Vishnu in Gestalt eines Wildschweins in die Tiefe tauchte, um ihre Basis zu finden. Tausende von Jahren vergingen, ohne daß es ihnen gelang, das eine oder das andere Ende der Säule zu erreichen. Schließlich gewahrten sie eine *ketaki-* oder Schraubenpalmen-Blüte, die von der Spitze des Lingam herabgefallen war und zu ihnen sprach: »Seit zehn Äonen falle und falle ich, und niemand weiß, wie lange ich noch fallen muß, bis ich den Boden erreiche.«

Im Yoga wird das Basiszentrum, das sich an der Wurzel der Wirbelsäule befindet, als Feuerherd oder Yoni bezeichnet und hat die Form des weiblichen Geschlechts. Die in seiner Mitte eingerollte feurige Kraft richtet sich auf und steigt auf dem Pfad der Wahrnehmung in die Höhe. Die vollkommen entrollte Energie wird dann als Licht-Lingam bezeichnet.

»In der Mitte des feinstofflichen Zentrums, das an der tiefsten Stelle des Leibes, genannt Dreieck aus Begehren-Wissen-Tat, sitzt, erhebt sich jener Lingam, der aus sich selbst geboren ist und strahlt wie tausend Sonnen.« (*Shiva Purāna*)

AKĀSHA-LINGA – DER LINGAM DES RAUMES

Der (Welt-)Raum ist der Lingam, die Erde ist seine Yoni. In ihm wohnen alle Götter. Er ist das »Zeichen«, denn alles löst sich in ihm auf. (*Skanda Purāna*)

Das Himmelsgewölbe erscheint als ein gewaltiger Phallus, der sich über der weiblichen Erde erhebt. Daher werden die Öffnungen der Erde als Mutterschöße, als weibliche Organe, als Yonis betrachtet. Hieraus resultiert der heilige Charakter der Höhlen, Grotten, Schluchten und unterirdischen Gänge, die in den Bauch der Mutter Erde führen, und in diesen Mutterschößen werden jene Riten praktiziert, die den Zweck haben, die Fruchtbarkeit und das Gedeihen der Ernten und Nachkommen zu sichern.

Alle Heiligtümer, die der Göttin gewidmet sind, befinden sich in Höhlen. Die unterirdischen Heiligtümer der Vorzeit wie auch die späteren von Kreta und Malta sind allgemein bekannt. Aber auch noch in unseren Tagen manifestiert sich die Göttin von Lourdes in einer Höhle.

Frankreich: Phallusförmiger Monumentalkopf, Rotheneuf.

MUKHA LINGA – DER PHALLUS MIT GESICHT

Aus dem gleichen Grund, weshalb man die Dächer eines Tempels mit Gold bedeckt, versieht man zuweilen auch das Standbild des Gottes mit einem goldenen Mantel. Diesen Mantel (*kavacha*), seine Rüstung, versieht man mit bestimmten symbolischen Elementen des anthropomorphen Bildes des Gottes, so etwa mit den drei Augen, der Mondsichel oder der Krone, dem Zeichen seiner höchsten Macht über alle Wesen und alle anderen Götter (*Mukha Linga*).

Aufgestellte Phalli, die wie der in Erma gefundene mit einem Gesicht versehen sind, findet man in der gesamten abendländischen Welt genauso wie in Griechenland und in Indien. Die Kelten errichteten phallische Steine, denen an der Eichel Gesichtszüge eingraviert waren. Das sogenannte »Gesicht der Glorie« (*Kirti-mukha*), das sich über dem heiligen Bezirk des shivaitischen Tempels befindet, ist eine weiterentwickelte Form desselben Symbols. Aus dem Mund dieses »Gesichts der Glorie« an der Spitze des phallischen Turms wird das ganze Universum geboren.

Auf bestimmten Standbildern ist aus der phallischen Säule eine komplette menschliche Figur herausgearbeitet. Im Süden Indiens wird der *Gundimallam-Linga,* aus dem eine solche Figur heraustritt und der aus dem zweiten vorchristlichen Jahrhundert stammt, auch heute noch verehrt. Ähnlichen Darstellungen werden wir später auch im mittelalterlichen Europa begegnen.

43

Indien: Shiva-Lingam, roter Sandstein, ca. 6. Jh.
(Foto: Nik Douglas)

DER HERR DER RÄUMLICHEN RICHTUNGEN
– DER FÜNFGESICHTIGE PHALLUS

Manchmal weist der oben genannte Mantel auch fünf Gesichter auf. Die einzelnen Gesichter dieses sogenannten ›Fünfgesichtigen Lingam‹ (*pāncha-mukha linga*) repräsentieren jene Aspekte des Gottes, die die Himmelsrichtungen des Raumes und den Zenith regieren. Die Aspekte Shivas, die mit den räumlichen Richtungen zusammenhängen, hängen auch mit den Elementen sowie mit den Wahrnehmungssinnen und den Taten der Lebewesen zusammen.

Nach Osten zeigt *Tat Purusha* (der Regent über die Materie). Er korrespondiert mit dem Element Erde, der Farbe Gelb, der sexuellen Ekstase, dem Geruchssinn und dem Anus.

Nach Süden zeigt *Aghora* (der Beschützer). Er korrespondiert mit dem Element Äther, der Farbe Dunkelblau, dem Wort, dem Verstand, dem Gehör und dem Ohr.

Nach Westen zeigt *Vama* (der Gott der linken Hand und der Magie). Er korrespondiert mit dem Element Feuer, der Farbe Rot, dem Ich oder dem Begriff der Individualität, der Sehkraft und dem Auge.

Nach Norden zeigt *Sadyojat* (der spontane Erguß). Er korrespondiert mit dem Element Wasser, der Farbe Weiß, dem Geistigen, der Opfergabe (Sperma, Soma), dem Geschmackssinn und dem Penis.

In den Zenith blickt *Ishana* (der Herr) oder der transzendierende Aspekt des Gottes (*Mahā-deva*). Er korrespondiert mit dem Element Luft, ist farblos wie der Kristall oder kupferfarben. Er repräsentiert den Koordinator, das Wissen, den Tastsinn. Sein Organ ist die Hand.

Diese Beziehungen sind von fundamentaler Bedeutung, denn man findet sie in allen Traditionen in der Bauweise der Heiligtümer, in der Astrologie und Deutung von Vorzeichen, in den Yogastellungen sowie in der Verteilung der Teilnehmer an den rituellen Zeremonien und ähnlichen Dingen berücksichtigt.

Shiva ist der Herrscher über das Universum. Seine verschiedenen Aspekte sind mit Gottheiten verbunden, die über die Himmelsrichtungen herrschen und denen eine bedeutende Symbolkraft und ein direkter Einfluß auf das Leben zugeschrieben wird. Der Symbolik der Himmelsrichtungen begegnen wir auch auf Kreta, in Ägypten, in den Megalithkulturen sowie in der griechischen und römischen Religion und bis in das christliche Mittelalter hinein wieder.

Im *Ajax* des Sophokles wird Pan als der Leiter des Tanzes der Götter – und das bedeutet: der Bewegungen des Universums – angerufen.

DAS KOSMISCHE EI

Die Totalität des Alls wird gelegentlich auch in der Form eines Eis dargestellt. Das Universum erscheint dem Menschen als ein Ei, das in zwei Hälften, in den Himmel und die Erde, geteilt ist. Das Ei wird als der Ursprung des Lebens betrachtet. In ihm sind das männliche und das weibliche Prinzip miteinander vereint. Die Form des Eis ist ebenfalls ein »Zeichen«, ein Lingam.

Während in den Tantras das gebräuchliche Symbol Shivas stets ein Phallus ist, wird in den Purānas häufig die Eiform als Lingam bezeichnet. Man kann das Prinzip der Welt als eine Grenze beschreiben, als eine Kurve, die das Universum umfaßt und das kosmische Ei bildet, »das goldene Ei, so strahlend wie die Sonne« von Manu, dem Großen Gesetzgeber.

»Nach Plutarch ist das Ei das Symbol von allen Dingen, die so lange unfruchtbar sind, bis der Schöpfer sie durch Inkubation seines Lebensgeistes, repräsentiert durch eine Schlange, befruchtet. Auf Medaillen aus der Kolonie Tyrus ist eine Schlange zu sehen, die ein Ei umschlingt. « (Payne Knight: »The Worship of Priapus«, S. 10)

Die Geburt der Welt aus einem Ei als Bild des Kosmos ist eine weltweit verbreitete Auffassung, die den Ägyptern, Kanaanitern, Phöniziern, Griechen, Hindus, Kelten, Chinesen, Japanern, den Sibiriern etc. gleichermaßen vertraut sind. Nach dem Glauben des Shintoismus gliedert sich das Ur-Ei in eine leichtere Hälfte (den Himmel) und eine dichtere Hälfte (die Erde). In der Mythologie der Ägypter schlüpfte ein Gott aus einem Ei und brachte Ordnung in das Chaos, indem er die Embryos der verschiedenen Lebensformen gestaltete. Für die Inkas hatte die oberste Gottheit, Huiracocha, die Form eines Eis.

Dem Mythos vom kosmischen Ei begegnen wir auch in Afrika, nämlich bei den Dogon und den Bambara in Mali. Für die Kuba aus dem Kongo ist die Farbe Weiß das schöpferische Sperma, das Gelb die weibliche Feuchtigkeit als Materie von allem Geschaffenen.

Das Bild des Eis als Symbol der Auferstehung, der periodischen Wiederkehr des Lebens, hat sich bis heute auch in dem Brauch der bemalten Ostereier erhalten. In den orphischen Ordensregeln war der Verzehr von Eiern dagegen verboten, denn die orphischen Mysterien hatten zum Ziel, die Seele von allem zu befreien, was sie an die Erde und damit an jede Form der Reinkarnation bindet.

Indien: Shiva-Lingam, geschmückt mit Girlande, Blüten und anderen Opfergaben, Bengalen.
(Foto: Nik Douglas)

IV
INDIREKTE DARSTELLUNGEN DES PHALLUS

Oft wird bestimmten Gegenständen oder Tieren eine phallische Konnotation zugeordnet, und das bietet die Möglichkeit, nach einem ähnlichen Prinzip wie dem, wonach man den Namen eines Gottes nicht offen ausspricht, auch den Phallus in allegorischer Form zu umschreiben.

Auf diese Weise kann der Phallus durch bestimmte Symbole angesprochen werden. Abgesehen vom Fisch, dem Vogel und der Schlange sind die wichtigsten der Stier, das Horn, der Mond, der Fuß, der Daumen, der aufgerichtete Stein, die Säule und der Baum. In vielen Religionen wird die Zeugungskraft über den Umweg solcher Substitute weiterhin verehrt. Vermutlich gibt es keine einzige Religion, in der überhaupt kein Substrat des Phalluskultes zu finden wäre. In der volkstümlichen Tradition dürfte das Horn das am häufigsten verwendete Symbol sein, da der Stier die animalische Form des Gottes darstellt.

»In der Vorzeit, d. h. von etwa 6500 bis 2000 v. Chr., wurde in Westeuropa das männliche Glied mit dem Pflug, der Hacke, dem Dolch, dem Schwert, der Saat, dem Sperma, dem Regen, der Sonne, der Schlange, dem Fisch und dem Vogel gleichgesetzt.

Auf bestimmten griechischen Vasen sind Feste dargestellt, auf denen riesige Phalli umhergetragen werden, die die Form von Fischen haben ... Eine bereits sehr früh aufgekommene Beziehung zwischen dem männlichen Glied und dem Fisch ... breitete sich weltweit aus ... Dasselbe gilt für den Vogel. Die geflügelten Phalloi aus dem alten Griechenland sind im Heiligtum von Delos zu sehen ... Solche phallischen Vögel, in Gestalt von Gänsen und Hähnen, spielen in der europäischen Volkskunst eine wichtige Rolle – daher im Englischen das Wort *cock* (oder z. B. im Rheinländischen *Piephahn;* Anm. d. Übers.) für den Penis. In Wirklichkeit handelt es sich hier noch um lebendige Relikte einer Ritualterminologie, die an bestimmte Riten erinnert. In den Sperma-Opferungen durch Masturbationsrituale ist der Phallus ein Fisch. In den Initiationsritualen, die mit analer Penetration verbunden sind, ist er ein Vogel (denn der Vogel ist stets ein Symbol mit esoterischer Bedeutung). In den Befruchtungs- und sexuellen Vereinigungsriten ist er ein Stier.« (Philip Rawson: »Primitive Erotic Art«, S. 21, 45, 53 und 71)

In der italienischen Umgangssprache wird der Penis noch heute *uccello* (Vogel) oder *pesce* (Fisch) genannt.

Im christlichen Mythos von der Geburt des Herrn wird der Heilige Geist als ein Vogel dargestellt.

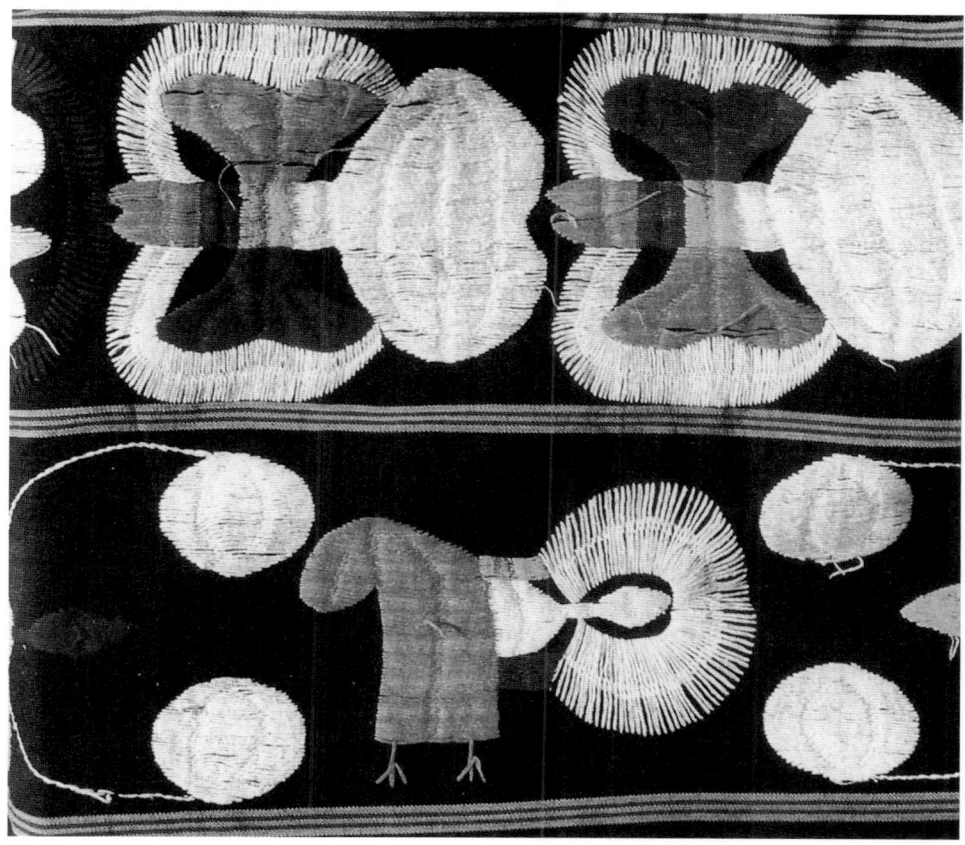

Indien: Phallische Darstellungen auf einem Teppich des Assam-Stammes. (Sammlung Jacques Cloarec)

Da der Phallus nicht nur als Synonym für sexuelle Potenz, sondern auch für Macht gilt, hatte das Zepter der Könige ursprünglich die Form eines Phallus. »Bis in das 19. Jahrhundert hinein trug in Italien die Figur des Arlecchino [Harlekin] ein phallisches Zepter, an dem zwei Hoden baumelten.« (Philip Rawson: *Ebenda*, S. 14).

BĀNA LINGA – DER PFEIL

Der Pfeil, der an das Organ des Schöpfers erinnert, das öffnet, um zu befruchten, gilt wegen der fünf Pfeile, mit denen der Gott der Liebe auf die fünf Sinne zielt, als Symbol für die Zahl Fünf. Daher ist der Pfeil symbolisch mit den Prinzipien der sinnlichen Wahrnehmung und mit den Elementen verbunden. Die Fünf ist in allen Symbolkreisen die Shiva-Zahl. Als Lingam wird der Pfeil mit fünf Gesichtern dargestellt.

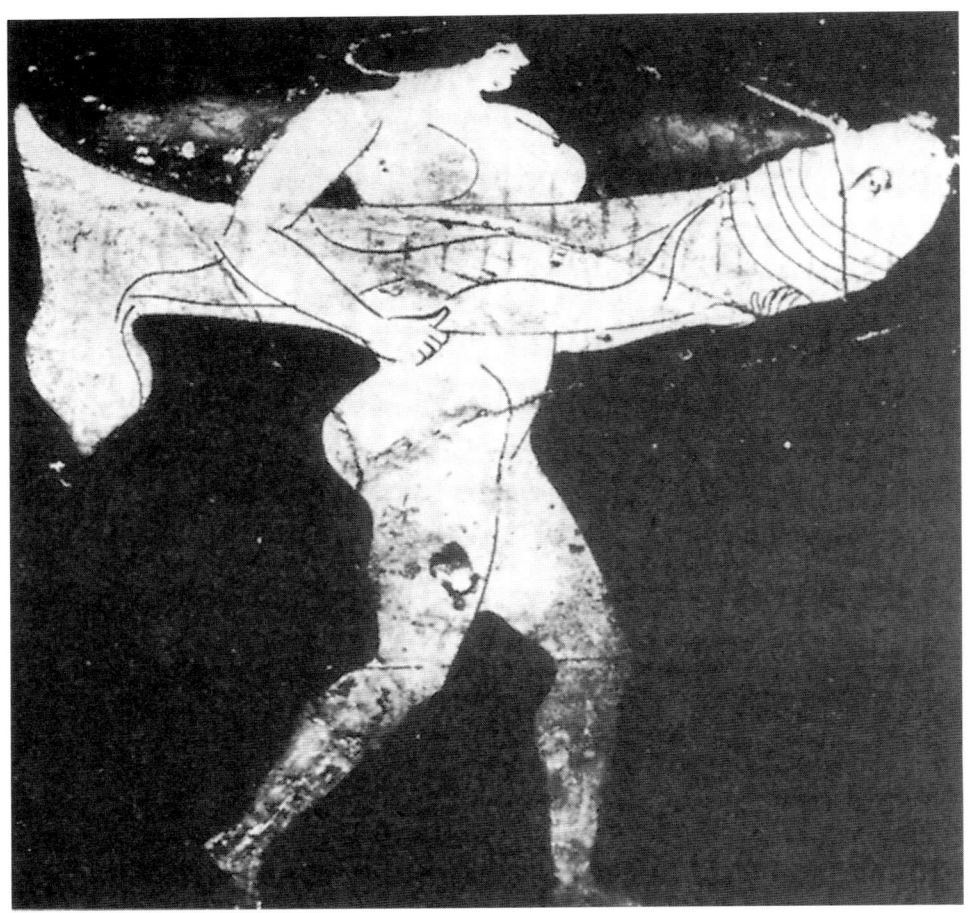

Hellas: Fisch-Phallus, auf Umzügen während des Haloa-Erntefestes getragen, 500 v. Chr., Athen. (Staatliche Museen, Berlin)

DAS ALTARFEUER

In den Opferritualen wird das Feuer, als Bild des Zerstörers, das »Zeichen«, d. h. der Lingam dieses Rituals genannt. Er ist das Licht Shivas (*shiva-jyoti*). Der Altar repräsentiert die Frau; die sich auf der Oberfläche des Altars öffnende Feuerstelle (*yajña-kunda*) ist die Yoni. Das rituelle Feuer wird durch Quirlen eines Stößels in einer hölzernen Schale erzeugt. »Das durch Reibung erzeugte Feuer wird als Nachkommenschaft einer sexuellen Vereinigung betrachtet«. (Mircea Eliade: »Histoire des croyences et de idées religeuses«, S. 437, vgl. Eliade: »Geschichte der religiösen Ideen«, Bd. 1, S. 196 und S. 209)

50

Italien: Basrelief eines phallischen Amuletts, ca. 2. Jh., Rom.

DER PFLUG

Der Pflug symbolisiert Befruchtung. Die Pflugschar dringt wie das männliche Glied durch die vom Pflug aufgerissene Ackerfurche in die weibliche Erde ein. In der indischen Epik ist Sita, »die aus der Furche geborene«, die Gemahlin des Gottes Rāma. Der Pflug, der das Feld urbar macht, evoziert die Vereinigung von Mann und Frau, von Himmel und Erde. Daher sind auch die Worte *lāngala* (Spaten) und *lingam* (Phallus) etymologisch miteinander verwandt.
Auf antiken Vasen, die in den Abruzzen gefunden wurden, hat die Pflugschar die Form eines Phallus. Auf einer griechischen Vase, die sich heute im Museum in Florenz befindet, ist ein phallusförmiger Pflug zu sehen, der von ithyphallischen Männern getragen wird.

*Indien: Der keltische Gott Cernunnos, Detail des Kultkessels von Gundestrup.
(Nationalmuseum, Kopenhagen)*

DER
ITHYPHALLISCHE
GOTT

I
DER HERR DER TIERE

Der Gott, dessen Emblem der Phallus ist, erscheint von Anfang an als Gott der Hirten und Freund der Tiere, der mit aufgerichtetem Glied die Wälder durchstreift und alles fasziniert, was dort kreucht und fleucht. Durch die hinduistischen Purānas sind uns zahlreiche Beschreibungen dieser wunderlichen heiligen Figur und ihrer Abenteuer erhalten. Diesen in den Wäldern hausenden Hirtengott findet man in allen Kulturen wieder, sei es in Gestalt des ägyptischen Min, Amon Ra und Osiris oder als Pan, Priapus oder Waldgott Sylvanus. Auch Faunus, der ursprüngliche Gott Roms, Schutzpatron der Herden, Weinberge, Gärten und Hirten wurde später mit Pan assimiliert.

Abbildungen des ithyphallischen, Hörner tragenden und von Tieren umgebenen Gottes tauchen bereits in Mohenjo Daro und Harappa (3. Jahrtausend v. Chr.) auf, und von da an begegnen wir seinen Darstellungen überall – bis hin zu der auf dem berühmten Kultkessel von Gundestrup in Dänemark (1. Jahrhundert v. Chr.), wo sein Bild mit dem von Mohenjo Daro nahezu identisch ist.

Der Herr der Tiere ist der männliche Nachfahre der altsteinzeitlichen Herrin der Tiere, deren typische Kennzeichen und Attribute – und im Grunde auch die Mythen und Legenden, die sich um sie ranken – die gleichen wie die von Pashupati, dem indischen Herrn der Tiere, sind. Das ungeheuer hohe Alter dieser Figur ist die Erklärung dafür, weshalb ihre Spuren in allen späteren Zivilisationen zu finden sind.

»Bereits im Aurignacien des französischen Périgord (um 32 000 v. Chr.) gab es … eine Mythologie, in der auch eine ›Göttin‹ in szenisch ausgestalteter Beziehung zu Tieren vorkommt … Diese Hörner tragende Göttin ist eine Vorgängerin der späteren jungsteinzeitlichen Varianten. Sie war die Göttin, die als ›Herrin der Tiere‹ bezeichnet wurde, sie war mit einer lunaren Mythologie verbunden, und zu den Zeichen, Symbolen und Attributen, die ihr zugeordnet wurden, gehörten die Mondsichel, die sichelförmigen Stierhörner, der Fisch, die Wellenformen für Wasser, die Vulva sowie nackte Brüste, die Pflanze, die Blüte, der Vogel, der Baum und die Schlange. Diese spätere Form der Göttin war in erzählerischer Darstellung mit einem Gefährten oder Partner verbunden, der … die ›Sonne‹ gegenüber dem ›Mond‹ der Göttin bildete.« (Alexander Marshack: »The Roots of Civilization«, S. 335)

Unter dem Namen von Pan, dem Gott des Universums, gelangte der Kult des Phallusgottes vom 5. vorchristlichen Jahrhundert an über Anatolien nach Griechenland. Pan bedeutet »alles«. Er verkörpert die Gesamtheit aller zeugenden

Italien: Flötenspieler mit erigiertem Phallus, Bronze. (Museo di Roma, Rom)

Energie, aller Götter, aller Aspekte des Lebens. Pan ist der Gott der Hirten und Herden. Schon bald hat sich sein Kult über die Grenzen der hellenischen Welt hinaus weiter ausgebreitet. Dieser Gott liebt die Wälder und die Quellen. Er ist sorglos, unbekümmert und faul. Es ist jedoch gefährlich, seinen Schlaf zu stören. Halb Mensch, halb Bock, gehörnt, behaart, sofort hellwach, gut getarnt und flink auf den Beinen, liegt er nämlich ständig auf der Lauer nach Nymphen und jungen Knaben, die ebenfalls zu den Objekten seiner Begierde gehören. Sein Hunger nach Sex ist so unersättlich, daß er auch den Brauch des Masturbierens pflegt.

Wie Shiva ist er Musikant und Tänzer. Er reiht sich in den Reigen der Bergnymphen ein, seine Attribute sind eine Panflöte, die Syrinx und die siebenrohrige Flöte. Er trägt einen Hirtenstab, einen Kranz auf dem Haupt und Pinienzweige, gehört zum Gefolge des Dionysos, begleitet Bacchus auf seinem Zug nach Indien, und einem homerischen Gesang zufolge soll er der Sohn von Hermes und einer Nymphe sein.

»Pan mit seinem mächtigen Geschlechtsorgan ist der Priapus der römischen Dichter.« (Payne Knight: »The Worship of Priapus«)

»Shiva lebt in den Wäldern und Dschungeln. Er wird Pashupati, der Herr der wilden Tiere, genannt.« (*Shatapatha Brāhmana*, XII, 7.3.20)

Die Herde Shivas umfaßt alle Lebewesen, darunter auch die Menschen. Der Unterschied zwischen Tieren, Menschen und Göttern besteht lediglich in der jeweiligen Rolle, die sie auf einer bestimmten Ebene innerhalb einer einzigen, kontinuierlichen Hierarchie spielen. In jeder Daseinsform sind auf unterschiedlichen Niveaus die verschiedenen Aspekte des Seins vorhanden. Es gibt keinen Gott ohne ein tierisches, kein Tier ohne ein menschliches, keinen Menschen ohne ein göttliches Element.

»Dionysos ist kein Mensch, sondern er ist ein Tier und zugleich ein Gott, so daß er die Endpunkte der Gegensätze zum Ausdruck bringt, die auch der Mensch in sich trägt.« (Giorgio Colli: »La sapienza greca«, S. 15)

In jedem Menschen lassen sich drei Komponenten unterscheiden, die man *pati*, *pāshu* und *pāsha* nennt. Diejenigen, in denen das Element *pati* (Herr bzw. Meister) dominiert, sind die Weisen, den Göttern Nahestehende, die die Regeln des göttlichen Spiels, genannt Schöpfung, verstehen und in ihm mitspielen. Das Gros der Menschen, in denen das tierische Element dominiert, wird *pāshu* (Vieh) genannt. *Pāsha* (Fessel, Falle), ein abstraktes Element, bezeichnet die Einheit und gegenseitige Abhängigkeit zwischen allen Formen des Lebens. *Pāsha*, die Fessel, steht für jene Gruppe von Gesetzen, die den Zusammenhalt zwischen den verschiedenen Elementen der Materie und des in der Schöpfung gefangenen Lebewesens regeln.

Die einzige Moral, die es gibt, ist die Achtung vor *pāsha*, der Fessel, d. h. vor der Interdependenz zwischen dem Tierhaften und dem Göttlichen in uns, vor dem Erkennen des Ortes, den wir in der Gesamtheit des göttlichen Werkes einneh-

Indien: Pfau, einen Shiva-Lingam verehrend; Holzskulptur aus dem Ratha-Tempel, frühes 19. Jh. (Foto: Lance Dane)

men, sowie vor den Verwandtschaften, die uns mit den tierischen und pflanzlichen Aspekten verbinden, und vor den Verantwortungen, die aus diesen Beziehungen erwachsen. *Pāsha* kann auch als das Naturgesetz, d. h. als das göttliche Gesetz definiert werden. Ein Verhalten, das nicht auf der Achtung vor der Natur und vor *pāsha,* dem Bund, der den Menschen mit dem Göttlichen verbindet, gegründet ist, hat nichts mit einer wahrhaften Religion gemein. Jedes andere moralische Gesetz ist nichts als eine gesellschaftliche Konvention, die auf kosmischer Ebene jedoch keine Gültigkeit haben kann. Die wahre Moral besteht darin, sich an diese grundlegenden Gesetze zu halten, auf denen die Schöpfung gründet. Überall, wo sich der Einfluß des Shivakultes ausbreitete, ist zu beobachten, daß die Tier- und Pflanzenwelt dort eine ganz wesentliche Bedeutung hat. Dieser Aspekt der Religionsgeschichte scheint den modernen Spezialisten der antiken Welt häufig entgangen zu sein.

»Einer der offensichtlichsten Aspekte der griechischen Kultur – nämlich die Rolle, die die Pflanzen und Tiere in den Mythen und Ritualen spielen – ist immer noch unerklärlich.« (R. F. Willetts: »Cretan Cults and Festivals«, S. 60)

Italien: Etruskischer ithyphallischer Satyr, Bronze. (Nationalmuseum, Athen)

»Shiva betrachtete die Götter und sprach zu ihnen: ›Ich bin der Herr der Tiere ...‹.
Die Asuras, jene furchtlosen Titanen, können nur vernichtet werden, wenn ein
jeder der Götter und der anderen Wesen zu seiner Tiernatur steht. Die Götter
zögerten, ihren tierischen Aspekt anzuerkennen. Da sprach Shiva zu ihnen: ›Es
bedeutet keinen Niedergang, das Tier in sich (d. h. die Spezies, die im Tierreich
jeweils dem Prinzip entspricht, das jeder Gott auf kosmischer Ebene inkarniert)
anzuerkennen. Nur diejenigen, die die Rituale der Brüder der Tiere, der *Pashu-*
pati, pflegen, können ihre Tierheit überwinden. So erkannten alle Götter und
Titanen, daß sie das Vieh des Herrn sind und daß dieser unter dem Namen
Pashupati, Herr der Tiere, bekannt ist.‹ « (*Shiva Purāna, Rudra Samhitā,* 5.9.13–21).
Um über die Tiere, die Pflanzen und die Menschen wachen zu können, schuf
Shiva die *Vidyeshvara* (Meister des Wissens), die in Gestalt von Waldgeistern, Sa-
tyrn, Nymphen, Feen und Schutzengeln in Erscheinung treten. Sie sind die
Schutzgeister der Schöpfung. Pashupati ist das Oberhaupt dieser Geister, und
durch sie manifestiert er sich in allen Erscheinungsformen der natürlichen Welt.
Shiva wohnt in den Bergen und Wäldern; hier ist seine geheimnisvolle Präsenz
zu spüren, hier werden ihm in Höhlen oder abgeschiedenen Orten Heiligtümer
errichtet und Opfer dargebracht.
Eng verwandt mit Shiva, seiner Symbolik und seinen Mythen ist Dionysos, der
Gott der Vegetation, des Weinstocks, des Weins, der Früchte und der jahreszeit-
lichen wiederkehrenden Erneuerung. Als Prinzip und Herr der Fruchtbarkeit
bei Mensch und Tier manifestiert er sich in Gestalt des Stiers, der Schlange und
des Löwen, die in seinen Mythen und Legenden wie in seinem Kult häufig eine
Rolle spielen. Er wird *Phallen* bzw. *Phallenos* genannt.
Aufgrund einer interessanten Umkehrung, zu der es in den mythischen Erzählungen kam, ist es Dionysos, der Indien erobert und dort die Kunst des Wein-
baus lehrt, Gesetze aufstellt und Städte gründet. In Wirklichkeit ist aber Indien
die ursprüngliche Heimat der Weinrebe, denn nur hier kommt sie auch als
natürliche Wildpflanze vor.
Auf den Festen ihm zu Ehren spielt die Phallusprozession eine bedeutende Rolle. Im ›Haus der Mysterien‹ in Pompeji ist zu sehen, daß die Enthüllung des
Phallus ein fester Bestandteil der dionysischen Initiationsriten war.
»Die Schlange, die sich um den *caduceus* oder Äskulapstab windet, entspricht
wiederum auch der keltischen Tradition. Auch hier erscheint nämlich der Hörner tragende Gott als ein dort beheimateter Verwandter von Silvanus, dem
nackten Gott der Wälder, der kein anderes Attribut außer seinem gewaltigen
Penis besitzt. In Nordengland wird ein weiterer Typ des nackten, phallischen
Gottes dargestellt, jedoch ohne Hörner, weshalb er wohl eher zum Typus des
Riesen von Cerne Abbas zugehört, der entweder Waffen trägt oder keine spezi-
ellen Attribute besitzt. Eine Gottheit ähnlichen Typs, ein wildes und aggressives
phallisches Wesen, stammt aus dem holländischen Maastricht. ... Die Kombina-
tion von gehörnten Tieren, ithyphallischen Menschen und anderen Symbolen,

verbunden mit einem engen Bezug zu einer Quelle und vermutlich auch einem See, weisen auf einen alten kaukasischen Fruchtbarkeitsritus aus einer Zeit irgendwann zwischen 100 und 600 v. Chr. hin.« (Anne Ross: »Primitive Erotic Art«, S. 83–85)

Shivas Charakter als Beschützer und Bezauberer der Tiere wurde in späterer Zeit häufig auf andere Gottheiten wie Gopala-Krishna, Pan, Orpheus und sogar auf den »Guten Hirten« Jesus übertragen.

»Alle Gottheiten werden *Pashupāta* (Brüder der Tiere) genannt, denn sie gehören zu Pashupatis Herde. Alle, die den Herrn der Tiere als ihre Gottheit ansehen, werden zu Brüdern der Tiere«. (*Linga Purāna*, 80.56–57)

Dann werden sie in die Herde des Gottes aufgenommen und können seine Unterweisungen empfangen.

»Shiva sprach: Der hochheilige *Pashupāta*-Yoga, der Yoga der Brüder der Tiere (durch den die Einheit aller lebenden Wesen erkannt werden kann) und *Sāmkhya,* die Kosmologie (die die Struktur der Welt erklärt), wurden durch mich gelehrt ... Im Bewußtsein dessen, daß die Dinge der Welt vergänglich sind, muß man ständig den Yoga des Herrn der Tiere praktizieren.« (*Linga Purāna*, 34.11–23).

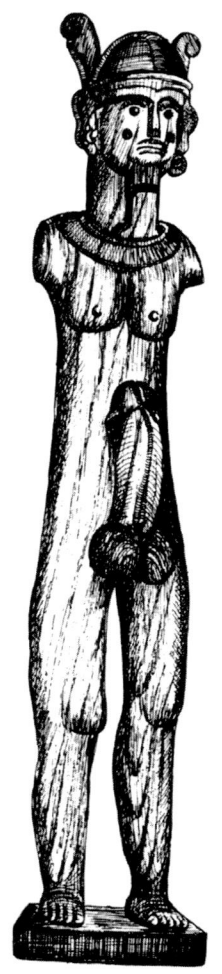

Indonesien:
Holzskulptur, einen
ithyphallischen Frucht-
barkeitsgott darstellend.

DER GOTT DES WACHSTUMS UND DER FRUCHTBARKEIT

In der Tradition des Mittelmeerraums wird der Gott Fascinus, der die Pflanzen wachsen läßt und unfruchtbare Frauen fruchtbar macht, durch den Phallus personifiziert. Priapus ist der Gott der Gärten und der Zeugung von Nachkommenschaft.

»Bei einem [bestimmten] athenischen Fest pflanzten die Frauen Phalli wie junge Pflänzchen« (John Boardman/Eugenio La Rocca: »Eros in Griechenland«, S. 40), d. h. auf die gleiche Art in die Erde, wie sie es mit der Saat auf den Feldern getan hätten, um für Fruchtbarkeit zu sorgen.

Die moderne Auffassung von Ökologie könnte den Anschein erwecken, als handle es sich hier um den Versuch einer Rückkehr zu einer wahrhaftigen Moral, obwohl sie zu oft anthropozentrisch ausgerichtet ist. Es geht nicht nur darum, die Natur im Dienst des Menschen zu halten, sondern in Wirklichkeit darum, wieder zur Rolle des Menschen innerhalb der Natur als eines Mitwirkenden am Werk der Götter zurückzufinden. Eine Religion, die die Schöpfung nicht als unteilbares Ganzes respektiert, die nicht zutiefst ökologisch eingestellt ist, ist nur ein Blendwerk, eine Ausrede für menschlichen Raubbau und kann auf keinen Fall einen göttlichen Ursprung für sich beanspruchen. Der Mensch ist nur ein Element innerhalb eines Ganzen, und dieses Ganze ist das Werk Gottes.

Bereits das phallische Bild hat zuweilen eine befruchtende Kraft. So wurde Daphnis von einer phallischen Säule gezeugt. Auch Jeremias erinnert an jene, die zu dem Stein sagt: »Du hast mich geboren«. (Jeremia 2:27)

Nach der in etruskischer Sprache verfaßten Geschichte Italiens von Prometheus, die von Plutarch zitiert wird, soll im Kamin des Königs der Albaner einmal ein Phallus erschienen sein. Darauf habe er seiner Tochter befohlen, sich mit diesem Phallus zu vereinen, aber sie habe sich geweigert und an ihrer Stelle ihre Dienerin vorgeschickt. Diese soll Romulus und Remus geboren haben, die darauf im Wald ausgesetzt und von einer Wölfin gesäugt wurden.

Die Frauen in Veliae mußten sich in einem Ritual, das der Vermählung vorausging, mit einem Phallus vereinigen. Dieser Brauch, der bei den Römern relativ weit verbreitet war und der von den ersten christlichen Autoren wie Lactantius Arnobius beschrieben wurde, ist auf einem Marmor-Basrelief dargestellt, das im Geheimmuseum von Pompeji verwahrt wird. Die Braut opferte dem Gott ihre Jungfräulichkeit, um sich seine Gunst zu erwerben und fruchtbar zu sein.

Noch heute werden die Mädchen von Neapel in einem Ritual, das dem Gott eine Art »droit de cuissage« d. h. *Ius primae noctis* zugesteht, mit einer phallusförmigen Frucht defloriert.

In verschiedenen Kulturen, in denen die Riten der Phallusverehrung offiziell zwar verschwunden sind, begegnet man dennoch zahlreichen phallischen Bildern, deren Präsenz zur Sicherung der Fruchtbarkeit der Felder und der Frauen unerläßlich ist. Dies ist im ganzen östlichen Afrika, vor allem bei den Yoruba, der Fall. Dort findet man häufig jene Altäre in Form eines aufgerichteten Phallus, die die Fruchtbarkeit der Erde sichern und auf denen zur Saatzeit Spermaopfer dargebracht werden.

Analoge Bilder und Riten existieren bis in jüngste Zeit auch in ganz Ozeanien. Zahlreiche Bilder des ithyphallischen Gottes von den Pazifik-Inseln sind in den kalifornischen Museen gesammelt. Weiter unten werden wir noch auf die befruchtende Rolle des ›Santo Membro‹ im mittelalterlichen Europa und bis in unsere Tage im südlichen Italien zu sprechen kommen.

»Der Glaube an die befruchtende Kraft der Menhire war bei den europäischen Bauern noch Anfang dieses Jahrhunderts lebendig. In Frankreich praktizierten junge Frauen, um Kinder zu bekommen, das ›Gleiten‹ (sie ließen sich einen Stein hinunter gleiten) und das ›Reiben‹ (sie setzte sich auf einen Monolith oder rieben sich den Leib an einem bestimmten Felsen).« (Mircea Eliade: »Geschichte der religiösen Ideen,« Bd. I, S. 116).

DER GEIST DER WÄLDER –
DER LÜSTERNE NACKTE GOTT

»Götter und Propheten wurden nackt erschaffen. Alle menschlichen Wesen wurden nackt erschaffen.« (*Linga Purāna*, 1.34.13).
Nacktheit bedeutet Rückkehr zum Urzustand. Die Identifikation des Gottes und des Menschen mit der Natur erfordert Nacktheit. David tanzt nackt vor der Bundeslade (Samuel 6.15–16). Der wahre Mensch ist nackt. Die Instanz, die verlangt, daß man sich bekleide, ist die heuchlerische, pharisäerhafte Religion der Stadt. Shiva ist nackt, »von Raum umhüllt«. Der Weise und der shivaitische Mönch ziehen nackt und ungebunden durch die Welt. Die Nacktheit ist gleichbedeutend mit Freiheit, Tugend, Wahrheit, Gesundheit. Der Jainismus, die alte atheistische Religion Indiens und Rivalin des Shivaismus, verlangt ebenfalls Nacktheit von seinen Anhängern. Auch den Griechen waren jene *gymnosophistoi* oder nackten Asketen, die aus Indien kamen, wohlbekannt, und die Soldaten Alexanders des Großen mußten, wenn sie den Unterweisungen der indischen Philosophen folgen wollten, ihre Kleider ablegen. Die Nacktheit hat etwas Magisches und Sakrales. »Nackt säen die Saat, nackt lenken die Rinder, / Nackt abschneiden das Korn, wenn du willst, daß zu ihren Zeiten / Demeters Werke du alle besorgst, auf daß dir ein jedes / zu seiner Zeit aufwächst …« (Hesiod: »Erga«, 390–395)
Die rituelle Nacktheit ist in den antiken Religionen wohlbekannt und weit verbreitet. Die Shintopriester reinigen sich nackt, und auch die hebräischen Priester betraten das Allerheiligste nackt, um bei der Annäherung an das göttliche Mysterium ihre Entblößtheit zu beweisen. Auch in der keltischen Literatur finden sich zahlreiche Beispiele, in denen die männliche Nacktheit mit der kriegerischen Trance in Zusammenhang steht. Die keltischen Krieger zogen nackt in den Kampf. In der irischen mythischen Erzählung »Die Zerstörung von Da Derga's Halle« sagt der Vogelvater des Königs zu diesem: »Ein splitternackter Mann, der am Ende der Nacht mit Stein und Schleuder auf einer der Straßen Taras wandelt, wird König sein«. (Anne Ross: »Primitive Erotic Art«, S. 81)
Auch Dionysos wird nackt und mit lang wallendem Haar dargestellt, wenn er nicht mit der safrangelben Mönchskutte bekleidet ist.
Die Legenden der Puranas zeigen uns Shiva als lüsternen Jüngling, der nackt durch den Wald streift und die Frauen der hochmütigen Asketen verzaubert, die danach trachteten, den Himmel mit der Kraft ihres Willens zu erobern. Shiva demütigt die Asketen, verführt ihre Frauen und läßt, indem er hier und da seinen Samen verspritzt, die Edelsteine und die heiligen Orte aus der Erde wachsen.
Nach dem *Shiva Purāna* (*Kothi Rudra Samhitā*, Kap. 12): »Es gibt einen unermeßlich großen Zedernwald, genannt Daruvana. Dort lebten Einsiedler in großer Zahl, die Shiva anbeteten und unausgesetzt über den Schöpfer der Welt meditierten. Dreimal täglich vollzogen sie die Riten der Verehrung des Gottes

Italien: Hermaphrodite und der Gott Pan; Freskodarstellung, frühes 19. Jh., Pompeji.
Privatsammlung von Emde Boas. (Foto aus: Rufus Camphausen:
»Encyclopedia of Erotic Wisdom.«)

und sangen Hymnen zu seinem Ruhm. Eines Tages, als die Einsiedler in den Wald aufgebrochen waren, um die heiligen Kräuter zu sammeln, die in den Riten verwendet werden, zeigte sich Shiva plötzlich in ungewohnter Gestalt, um ihren Glauben auf die Probe zu stellen. Er erschien in strahlender Blöße, splitternackt. Sein Körper war mit Asche bestreut und ohne jeden anderen Schmuck. Er stand aufrecht da, nahm sein Geschlecht in die Hand und begann sich mit obszönen Gesten zur Schau zu stellen. Shiva war an diesen Ort gekommen, um den Bewohnern des Waldes, die seine treuen Anhänger sind, sein Wohlgefallen zu zeigen.«

Und an anderer Stelle: »Der Herr war in Gestalt eines Mannes von niederem Stand. Seine Hand schwenkte ein flammendes Scheit. Seine Augen waren rot und braun. Bald lachte er gewaltig, bald sang er auf wunderliche Art. Bald tanzte er lasziv, bald stieß er wilde Schreie aus. Wie ein Bettler strich er um die Einsiedeleien ... Trotz seiner dunklen Hautfarbe war er von erstaunlicher Schönheit. Er lachte und sang, warf Blicke in die Runde, die die Frauen betörten. Er, der den Gott der Liebe besiegt hatte, löste allein schon durch seine Schönheit Gelüst aus. Trotz seines wunderlichen Aufzugs und seiner bronzenen Farbe fühlten sich selbst die keuschesten Frauen von ihm angezogen.« (*Linga Purāna,* 1.27.7, 10, 12 und 1.31.28–32)

»Zuerst erschraken die Frauen der Einsiedler, als sie ihn erblickten, aber trotz ihrer Verwunderung fühlten sich viele von dem Gott angezogen und näherten

Indien: Shiva als junger Mann mit verlängertem Phallus. (Foto: Lance Dane)

Indien: Ithyphallischer Zwerg, 12. Jh. Tempel von Mukteshavara, Bhuvaneshvar.

sich ihm. Die einen versuchten ihn zu küssen, die anderen ergriffen seine Hände. Sie begannen sich darum zu prügeln, welche ihn als erste berühren durfte.« (*Shiva Purāna, Kothi Rudra Samhitā*, 12.9)

»Auf ein Lächeln von seiner Seite ließen die, die gerade vor ihren Hütten im Walde weilten, oder die, die in den Kronen der Bäume wohnten, ihre Arbeit im Stich. Sie rissen sich die Kleider vom Leib, lösten sich das Haar. Manche wälzten sich gar auf dem Boden. Sie hielten einander umschlungen, versperrten dem Gott den Weg und verlockten ihn in Abwesenheit ihrer Männer mit lüsternen Gesten. Der Gott sprach nichts zu ihnen, weder Gutes noch Schlechtes.« (*Linga Purāna*, 1.29.7–9) Hier begegnen wir ein weiteres Mal dem Verhalten der Mänaden sowie dem Beinamen *Gynaimanes* (»der die Frauen verrückt macht«) des Gottes Dionysos.

»Just in diesem Moment kehrten die Weisen zurück. Als sie sahen, wie jener nackte Mann sich obszönen Akten hingab, ergriff sie Empörung und Zorn. Von

Shivas Macht der Illusion getäuscht und durch ihr Vorurteil verblendet, schrien sie: Was geht hier vor? Was hat dies zu bedeuten? Wer ist der Kerl? Wer ist der Kerl? Der Nackte aber gab ihnen keine Antwort.« (*Shiva Purāna, Kothi Rudra Samhitā,* 12.14)

»Die Priester und die Weisen ergingen sich in empörten Reden, aber die Macht ihrer Tugend vermochte gegen Shiva so wenig wie die Helligkeit der Sterne gegen das Licht der Sonne.« (*Linga Purāna,* 1.29.9–24)

»Die Weisen riefen aus: ›Dieser Shiva mit seinem Dreizack hat einen Körper, der Übles verheißt. Er zeigt keinerlei Scham. Er hat weder eine Bleibe noch bekannte Ahnen. Er ist nackt und von ärmlicher Gestalt. Er lebt in Gesellschaft übler und böser Geister … Wenn er Geld besäße, liefe er nicht vollkommen nackt herum. Er reitet auf einem Stier durch die Gegend, mehr Ausrüstung hat er nicht. Man kennt seine Kaste nicht, er ist weder gebildet, noch weise. Nichts als böse Geister sind sein Gefolge. Er steckt bis zum Hals voll Gift. Vergleicht nur eure Halsgeschmeide mit der Girlande aus Totenschädeln, die er trägt, eure Schönheitssalben mit der Asche von Leichenscheiterhaufen, mit der er seinen Körper bestreut.« (*Shiva Purāna, Rudra Samhitā,* 24.45–47 und 27.36)

»Da der Nackte ihnen nicht antwortete, schleuderten die Einsiedler dem Gott in Menschengestalt Flüche entgegen: ›Du führst dich unsittlich auf. Du hast die Gesetze der Veden verletzt. Möge dir der Schwanz abfallen!‹ Kaum hatten sie diese Worte gesprochen, da fiel das Geschlecht des göttlichen Gesandten, der kein anderer als Shiva mit dem prächtigen Körper war, tatsächlich zu Boden. Aber es versengte alles, was vor ihm lag, wohin er auch ging, wurde alles verbrannt. Er stieg in die Hölle hinab, er fuhr in den Himmel auf, er verheerte die ganze Erde. Nie blieb er an einem Ort. Alle Welten und alle Wesen waren in Not und Verzweiflung. Die Einsiedler waren entsetzt. Weder die Götter noch die Weisen kannten mehr Frieden oder Freude. Schließlich verschwand Shiva. Die Götter und die Eremiten, die ihn nicht zu erkennen vermochten, wußten weder ein noch aus. Sie versammelten sich, und traten vor Gott Brahma, den Weltenformer, um seinen Beistand zu erflehen. Nachdem sie sein Lob gesungen hatten, berichteten sie ihm alles, was sich zugetragen hatte. Da sprach Brahma zu ihnen. ›Ihr Beschränkten, ihr! Ihr habt in einem einzigen Augenblick alle Verdienste zunichte gemacht, die ihr euch durch eure Entsagung erwarbt. Der Mann mit aufgerichtetem Geschlecht, den ihr Unfähigen saht, war der Höchste Herr persönlich.‹ « (*Linga Purāna* 1.29.9–25)

»Wie ist es möglich, daß ihr, die ihr weise Männer seid, euch so sehr irrt? Wie werdet ihr andere arme Unwissende für ihre Fehler verurteilen können, wenn ihr euch ganz so wie sie verhaltet? Wer kann, nachdem er Shiva so schwer beleidigt hat, noch hoffen, je wieder Frieden zu finden? Wenn sich einer weigert, einem unerwarteten Gast, der sich zur Mahlzeitstunde an der Schwelle zeigt, die Ehre zu erweisen, dann nimmt der Gast alle durch Entsagung erworbenen Verdienste mit sich fort und läßt die Last all seiner Verbrechen als Erbe zurück. Was

Shiva, auf dem eine Frauengestalt reitet, benutzt seinen verlängerten Phallus als Zügel.
(Foto: Lance Dane)

kann schon geschehen, wenn der Gast Gott Shiva persönlich ist? Solange das Glied des Gottes nicht fest und ruhig steht, kann den drei Welten nichts Gutes widerfahren. Das ist die Wahrheit.

Um seinen Zorn zu besänftigen, müßt ihr einen Phallus aus Stein aufrichten, dieses göttliche Glied mit heiligem Wasser begießen, einen Sockel in Form einer Vagina und eines Pfeils [des Symbols der Göttin] bauen und mit Gebeten, Opfergaben, Niederwerfungen, Hymnen und Liedern, begleitet von Musikinstrumenten, einsetzen. Darauf sollt ihr den Gott anrufen mit den Worten: ›Du bist die Quelle des Universums, der Ursprung des Universums. Du bist gegenwärtig in allem, was ist. Das Universum ist nichts als die Form deiner selbst. O Gütiger! Besänftige dich und beschütze die Welt!‹ Da traten die Weisen mit Ehrfurcht vor Shiva hin, und dieser sprach zu ihnen. ›Die Welt wird erst dann wieder Frieden finden, wenn mein Glied ein Gefäß gefunden hat. Kein anderes Wesen außer der Herrin des Berges kann mein Glied berühren. Wenn sie es ergreift, wird es sich sofort besänftigen.‹ (*Shiva Purāna, Kothi Rudra Samhitā*, 12.22–46)

Italien: Abgeschlagene Phallus-Skulptur, 1. Jh., Rom. (Sammlung Jacques Cloarec)

DIE KASTRATION

Die Entmannung des phallischen Himmels, die von Hesiod erwähnt wird, bezieht sich auf die gleiche Symbolik. Nach der *Theogonie* (188 f.) ist Aphrodite aus dem Glied des Uranos gezeugt, nachdem es in das Meer geworfen und von einem weißen Schaum umhüllt wurde, der den Samen des entmannten Himmels evoziert. Der Name *Aphrodite* bedeutet »die Schaumgeborene«.

»Die Kastration des Uranos setzte einer ununterbrochenen Zeugung von Nachkommenschaft ein Ende, woraus die Tendenz der Götter spricht, sich nach Vollendung ihres kosmogonischen Werkes zurückzuziehen.« (Mircea Eliade: »Historie des croyances et des idées religieuses«, S. 150)

In der hurritisch-hethitischen »Theogonie« war zunächst Alalu der König »und Anu, der erste der Götter, verbeugte sich vor ihm und bediente ihn. Nach neun Jahren aber lieferte Anu ihm einen Kampf und besiegte ihn. Alalu floh in die Unterwelt, und Kumarbi (der »Göttervater« und Protagonist dieser mythischen Ereignisse) wurde der Diener des neuen Herrn Anu.« Nach einigen Jahren erhebt sich Kumarbi gegen Anu. »Dieser ergreift die Flucht und fliegt gen Himmel. Kumarbi aber verfolgt ihn, packt ihn an den Füßen und stürzt ihn auf die Erde, nachdem er ihm die ›Lenden‹ abgebissen hat. (Die ersten Übersetzungen schlugen ›Knie‹ vor. Beide Begriffe sind Euphemismen für das männliche Geschlechtsorgan.) Da Kumarbi lacht und sich seiner Tat freut, teilt Anu ihm mit, daß er ihn geschwängert habe. Kumarbi speit aus, was er noch im Munde hat, aber ein Teil der Männlichkeit Anus dringt in seinen Leib ein, und er geht mit drei Göttern schwanger.« (Mircea Eliade: »Geschichte der religiösen Ideen«, Bd. I. S. 141)

In Ägypten wurde der zerstückelte Leichnam des Agrargottes Osiris, nachdem sein Bruder Seth ihn getötet und in den Nil geworfen hatte, von Isis wieder ganz zusammengefügt – bis auf seinen Penis, denn den hatte ein Fisch verschlungen.

In Griechenland hatte sich der junge und bildschöne phrygische Schäfer Attis, der Geliebte der Rhea, in einem Anfall von Wahnsinn entmannt. Seine Anhänger feierten orgiastische Feste, in deren Verlauf sie sich in einem Extremritual gleichfalls verstümmelten und ihre abgetrennten Glieder auf den Altären von Attis und Rhea opferten. Einen solchen Brauch soll es auch in Indien unter den ekstatischen Verehrern der Göttin Kali gegeben haben.

II
DER SCHUTZGOTT

HERMES

Der Phallus schützt vor bösem Blick, vor Gefahr und Unglück. »In Athen gab es an jeder Straßenecke ein Hermesheiligtum (*cippus*), bezeichnet durch eine Herme, einen Pfeiler mit dem Kopf des Gottes und an der Frontseite herausgemeißelten Genitalien, die der Vorübergehende berührte, um an diesem Tag Glück zu haben.« (John Boardman / Eugenio La Rocca, »Eros in Griechenland«, S. 40 f.)

»Auf dem Lande schützten diese Säulen, die an allen Wegkreuzungen errichtet waren, die Reisenden vor Geistern und üblen Begegnungen. Die Hermessäulen wurden ursprünglich als Grabstelen verwendet, aber ihre häufige Erscheinung entlang der Landstraßen und später in den Städten an den Straßenecken, auf den Plätzen und schließlich in den Häusern hängt vor allem mit den beschützenden Kräften zusammen, die man ihnen zusprach. Wie die ländlichen Darstellungen des Priap wendeten sie den bösen Blick ab, und die volkstümliche Frömmigkeit sagte ihnen eine glückbringende Kraft nach. Auch wenn er in der griechischen Religion nie die gleiche Bedeutung wie Dionysos hatte, konnte Hermes in Gestalt der sexualisierten Säule weitgehend von dem Phalluskult profitieren, der durch das dionysische Ritual begünstigt wurde.« (Jean Mercadé: »Eros Kalos«, S. 89)

Der Name *Hermes* geht auf das Wort *hermai* für jene Steinanhäufungen oder *cairns* zurück, die an den Wegrändern errichtet und in denen seit der Vorzeit eine beschützende und befruchtende Präsenz gesehen wurde. Zu Säulen umgestaltet und mit einem Kopf versehen, wurden sie zum Emblem des Gottes, der ihren Namen übernahm. Der Apollokult könnte ebenfalls von dem Kult dieser Steinanhäufungen, die seit jeher distinktive Zeichen des Gottes waren, abstammen.

Der Legende nach kam Hermes als Frucht einer Vergewaltigung der Erdgöttin Maja durch Zeus in einer Höhle auf dem Berg Kyllene zur Welt und wurde darauf von seiner Mutter in den für die Initiationsrituale bestimmten Weidenkorb gelegt. Als Herr der Tiere ist Hermes der Beschützer der Schäfer und Hirten, der Herden und der auf den Landstraßen weilenden Reisenden. Voller List und Tücke, ist er wie Shivas Sohn Skanda auch der Gott der Diebe und Räuber. Skanda gilt als Verfasser eines eigenen Traktats über die Kunst des Diebstahls mit dem Titel »*Sammukha Kalpa*«, und auch Hermes stahl, kaum zur Welt gekommen, bereits die Rinder Apolls. Eines ihrer Felle spannte er über einen Schildkrötenpanzer, befestigte daran ein Paar Hörner, spannte Darmsaiten dazwischen

Indien: Tantrische Phalluszeichnung. (Foto: Lance Dane)

und schuf so die erste Lyra. Durch die geheimnisvolle Macht der Musik knüpfte er die Verbindung zwischen der Kunst und den Mysterien. Als Oberhaupt der divinatorischen Künste besitzt er den magischen Zauberstab, genannt *caduceus* oder Hermesstab, und jene Tarnkappe, die unsichtbar macht. Als Äquivalent des keltischen *Lug* und des ägyptischen *Thot* ist er der Herr der Initiierten. Er gilt als Kultur- oder Zivilisationsheros sowie als Schutzpatron der okkulten Wissenschaften und wacht mit Hilfe des Szenarios der Initiation über den heiligen Charakter des Geschlechtsaktes, die Fruchtbarkeit der Pflanzen und die Nahrung. Im Ritual der Eleusischen Mysterien, die mit einer Agrarmystik verbunden waren, enthielt der Korb mit den Opfergaben auch einen Phallus und eine Schlange oder phallusförmige Kuchen.

Außerdem erfand Hermes durch das Reiben mit dem männlichen Stößel im weiblichen Mörser das Feuer. Auf den Frühlingsfesten wurde ein riesiger Phallus, der Hermes darstellte, durch die Stadt getragen, und um Säulenbilder des Gottes wurden orgiastische Tänze getanzt.

Am Vorabend des Feldzugs nach Sizilien im Jahr 415 v. Chr. löste Alkibiades in der ganzen Stadt Entsetzen aus, als er in einem provokativen Akt die Hermen der Agora von Athen verstümmelte.

PRIAP

Der Name Priap scheint von *briapnos* (lärmend) abgeleitet und somit eine Übersetzung oder ein Äquivalent des indischen Rudra zu sein, der auch bereits den Beinamen »der Lärmende« hatte.

Priap war die Frucht einer Liaison zwischen Dionysos und Aphrodite. Er war ein häßliches Kind, denn er war mit einem übermächtig großen Gemächt ausgestattet. Man sagte, er stamme aus Lampsakos in Mysien. Sein Kult verbreitete sich auf den Inseln der Ägäis und bis nach Rom und verschmolz mit dem des Pan und vor allem mit dem der alten etruskischen Phallusgottheit *Mutinus-Tutinus* (oder *Tutinus-Mutinus*), deren Name auf *muto,* das männliche Glied, zurückgeht.

Als Gärtnergott trägt Priap ein Rebmesser. Sein Amt ist die Wacht über Weinberge und Obstgärten. Er wird in ithyphallischer Gestalt dargestellt, denn sein männliches Attribut wehrt alles Übel ab, das den Ernten schaden könnte. Bei den Römern in hoher Gunst stehend, wurde er wie Hermes durch eine Vierkantsäule (*cippus*) dargestellt, die mit einem Kopf gekrönt und mit einem aufgerichteten Phallus verziert war.

Der Priap von Verona trägt einen Korb, gefüllt mit Phalli, während eine Schlange ihn in sein eigenes Glied beißt.

In Rom pflegte man ein mit Zinnober oder Scharlachrot gestrichenes Priapstandbild am Eingang von Örtlichkeiten aufzustellen, die man besonders schützen wollte. Der Phallus bringt Glück, wehrt Gefahren und negative Kräfte ab. Eine bedeutende Rolle spielt er auch in den Initiationsriten. »In Ägypten und in der griechisch-römischen Welt sprach man ihm die Macht zu, in den Tempeln die dunklen oder dämonischen Kräfte wirkungslos zu machen oder ganz zu entfernen.« (Julius Evola, »Le Yoga tantrique«, S. 112) In Rom pflegte man, so berichtet Macrobius, unten am Bug der Streitwagen siegreicher Generäle einen Phallus von stattlicher Größe anzubringen, denn es hieß: *Fortuna gloriae carnifex* − »der Erfolg ist des Glückes Tod«. Nur Gott Fascinus (*fascinus* = Penis) verleiht die Kraft, sich der schrecklichen Prüfung des Erfolgs zu unterziehen.

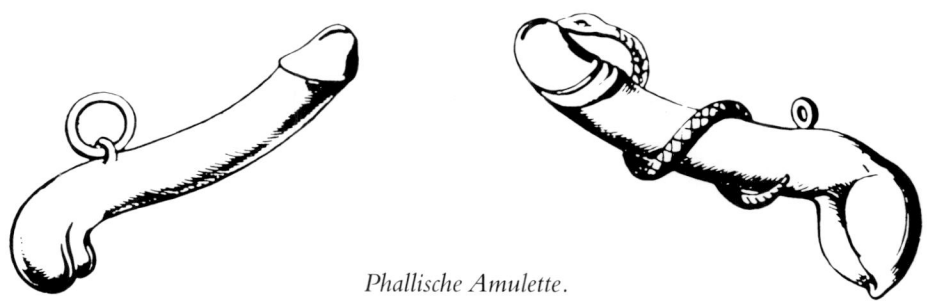

Phallische Amulette.

»Die Genitalien selbst hatten magische Kraft gegen den bösen Blick. … Weil sie Unheil abzuwenden vermochten, trifft man so häufig auf phallische Amulette, und darum ist der Phallos, an Wänden des griechischen Delos ebenso einge-meißelt wie an denen des römischen Pompeji, auffällig und weithin sichtbar.« (John Boardman / Eugenio La Rocca. »Eros in Griechenland«, S. 42).

»Wer stets den Großen Gott in Form des Phallus ehrt, wird frei von Furcht, Ge-burt und Tod« (*Linga Purāna*, 2.6.40). In Indien schützen die Abbildung des Lingam und die Darstellung sexueller Kopulationsakte den Tempel und das Haus gegen Blitzschlag und andere Kalamitäten.

»Eine andere Art früher Porträtierung der menschlichen Gestalt, bei der die As-soziation mit sexueller Potenz und Fruchtbarkeit außer Frage steht, ist in Euro-pa weit verbreitet … . Im allgemeinen bestehen diese aus Darstellungen betont phallischer Männer bei einer bestimmten Beschäftigung wie Jagd, Kampf, Zau-berei oder Ballspiel … . Etwas späteren Datums, möglicherweise aus der frühen römisch-britischen Zeit, ist die berühmte Kalkzeichnung auf dem Hügel über Cerne Abbas in der Grafschaft Dorset. Unter der Bezeichnung *Cerne Abbas Giant* bekannt, hat dieser britische ›Herkules‹ mit seiner alles besiegenden Keu-le, die der des großen irischen Gottes Dagda gleicht, und mit seinem mächtigen Penis samt Hoden alle Jahrhunderte überlebt. Die gesamte umgebende Land-schaft dominierend, unerschütterlich der Kirche trotzend, ist er bis auf den heu-tigen Tag ein kraftvolles Fruchtbarkeitssymbol geblieben. Junge Liebespaare, die kurz vor der Hochzeit stehen, greifen immer noch auf ihn zurück, und früher wurde in der ganzen Gegend geglaubt, ein Beischlaf, den man in der Mulde innerhalb der riesigen Phalluskonturen pflegt, könne nur zu günstigen Ergebnissen führen«. (Anne Ross: »Primitive Erotic Art«, S. 81 f.)

»In der europäischen Literatur gibt es zahlreiche Verweise und versteckte An-spielungen darauf, daß man nicht nur künstlich gefertigten Gegenständen, son-dern auch den echten menschlichen Genitalien magische Kräfte nachsagte, und zwar vor allem im Abwenden aller Arten von Unglück.« (Philip Rawson: »Primitive Erotic Art«, S. 76)

Dem volkstümlichen Glauben gemäß, der heute noch in den Mittelmeerlän-dern lebendig ist, greifen sich die Männer an ihr kostbarstes Glied, um den bö-

England: Geländezeichnung des sog. »Riesen von Cerne Abbas«, ca. 1. Jh. v. Chr., Dorset.

sen Blick abzuwehren, und bedienen sich der vielsagenden Geste des *mano impudico*, um das Glück zu beschwören. Bei der Landbevölkerung war es Brauch, realistische oder symbolische Embleme des männlichen Geschlechtsorgans auf die Felder zu pflanzen. In Süditalien haben sich phallusförmige Feldmarken, die als Grenzsteine dienten, bis in die heutige Zeit erhalten. Manche hatten die

Form von Steinblöcken, aus denen ein Phallus herausragte, der zuweilen auch mit einem menschlichen Kopf gekrönt war. Diese Stelen wurden Priap, Hermes, Liber, Tutunus oder Mutunus genannt (vgl. Philip Rawson: »Primitive Erotic Art«, S. 52 und 72).

Die Shivaiten tragen einen kleinen Phallus um den Hals, ein Brauch, der auch bei den alten Römern gepflegt wurde, wie zahlreiche Exemplare aus Pompeji belegen. In Indien wird in jedem Haus ein steinerner Lingam verehrt. Auf Prozessionen zu Ehren des Gottes wird ein großer Phallus aus Holz getragen. Auch Herodot erwähnt das Tragen von phallischen Emblemen auf Prozessionen zu Ehren von Dionysos und Osiris. »Figuren mit disproportioniert großen Phalloi, die die Ägypter während der Osirisfeste auf Prozessionen umherzutragen pflegten, wurden im Tempel von Hieropolis in Syrien aufbewahrt.« (Jacques-Antoine Dulaure: »Des Divinités génératrices et du culte du phallus«, S. 82)

Gott Priap herrscht auf den Phallophoriai des einen wie des anderen Gottes. Frauen und Männer nahmen gleichermaßen an den erotischen Gesängen und Orgien teil. In den ländlichen Kreisen Athens wurden Kuchen in Form eines Phallus oder einer Schlange gebacken, deren Brösel man mit dem Saatgut vermischte. In Rom »opferte man für Priap einen Esel und brachte Blumen, Obst, Milch und Honig als Opfergabe dar« (Dulaure: *Ebenda*, S. 83).

»Bis in jüngste Zeit wurden auch von deutschen, französischen und italienischen Bauern zu Ostern phallische Kuchen gebacken und in feierlicher Prozession zur Kirche getragen.« (Philip Rawson: »Primitive Erotic Art«, S. 53) »In Trani bei Neapel wurde bis ins 18. Jh. alljährlich ein riesiges phallisches Standbild, ›Il Santo Membro‹ genannt, in feierlicher Prozession durch die Straßen getragen.« (*Ebenda*, S. 75)

»Die Gewohnheit, die Wände von Gebäuden mit einem Phallus auszustatten, ein Brauch, der von den Römern stammt, existierte noch bis ins Mittelalter, und die Bauten, die in besonderem Maße unter dem Einfluß dieses Symbols standen, waren die Kirchen, wo es als Schutz gegen allen möglichen bösen Zauber diente, vor dem die Menschen der damaligen Zeit in ständiger Angst lebten. Es schützte nicht nur den Ort, den es schmückte, sondern auch die Menschen, die es mit festem Glauben aus der Ferne betrachteten. Gewöhnlich waren die Phalli an den Eingangsportalen angebracht, wie die Beispiele an der Kathedrale von Toulouse und verschiedenen weiteren Kirchen in Bordeaux und anderenorts in Frankreich zeigen. Während der Französischen Revolution wurden diese Symbole durch den ahnungslosen Pöbel zerstört, da er sie als Zeichen der Verworfenheit des Klerus mißverstand.« (Payne Knight: »The Worship of Priapus«, S. 114) In Comminges ist dagegen noch heute in der Basilika St. Bertrand ein solcher Phallus aus Holz zu sehen.

DER GOTT DER NIEDEREN SCHICHTEN

Shiva, der Gott der prä-arischen Völker Indiens, blieb bei diesen, auch nachdem sie in einer von den Invasoren beherrschten Welt unterdrückt und auf den Status von Handwerkerkasten erniedrigt wurden, weiterhin die beliebteste Gottheit. In der »*Hymne der Hundert Rudras*« aus der *Vājaseneyi Samhitā* (*Yajurveda*, 16.1) wird er als Schutzpatron der Handwerker, Kutscher, Zimmerleute, Schmiede, Töpfer, Jäger, Wasserträger und Waldgänger angerufen. Er ist der Gott der Soldaten, Söldner und furchtlosen Wagenlenker. Daneben ist Shiva auch der Gott der *vratya,* der wandernden und bettelnden Asketen (s. Projesh Banerjee: »Early Indian Religions«, S. 41).

»Im Shivaismus äußert sich die Transzendenz in Bezug auf die Normen des täglichen Lebens in den Kreisen des Volkes dadurch, daß Shiva unter anderem auch als der Gott oder ›Schutzpatron‹ derer, die kein normales Leben führen, und sogar der Gesetzlosen dargestellt wird.« (Julius Evola: »Le Yoga tantrique«, S. 91)

Indien: Shiva-Lingam, Gebetshaltung; Schrein von Gananath. (Foto: Nik Douglas)

Indien: Shiva als junger Mann mit verlängertem Phallus. (Foto: Lance Dane)

Da Shiva auch der Gott der niederen Schichten ist, richten sich seine Lehren an alle Menschen. In den brahmanischen Texten wird ihm vorgeworfen, er habe den unterprivilegierten Klassen des Volkes die Geheimnisse der Mythologie, die Riten und das höchste Wissen beigebracht und ihnen die Wege der Einweihung eröffnet. Die phallischen Rituale sind im wesentlichen volkstümliche Rituale. Im *Shatapatha Brāhmana* (5.3.2) heißt es, die *shūdra* oder Handwerker nähmen nicht nur an den Opferritualen für Shiva, sondern auch am Ritual des *soma* teil, jenes heiligen Tranks, der mit dem Sperma des Gottes gleichgesetzt wird. In den bedeutendsten shivaitischen Heiligtümern wird auch heute noch der Kult abwechselnd von arisch-brahmanischen Priestern und von *shūdra*- oder Arbeiterpriestern vollzogen. Einer viertausendjährigen arischen Oberherrschaft zum Trotz hat also eine nicht-arische Priesterschaft all die Jahrhunderte überlebt. »In den mahrattischen Regionen, in denen die Shivaiten überwiegen, zelebrieren die Brahmanen nicht in den Tempeln. Diese Funktion ist einer besonderen, *gurava* genannten Kaste vorbehalten, die shudrischen, also nicht-arischen Ursprungs ist« (Projesh Banerjee: »Early Indian Religions«, S. 41). Über die Traditionen dieser nicht-arischen Priester ist in einer Welt von Hindus, in der die hohen arischen bzw. arisierten Kasten herrschen, nur wenig bekannt. Es existiert daher keine moderne Untersuchung über dieses Gebiet.

III
DIE TIER- UND PFLANZENGESTALT DES GOTTES

DER STIER

Der Phalluskult ist von Anfang an eng mit dem Stierkult verbunden, da der Stier nicht nur als das ›Fortbewegungsmittel‹ bzw. Reittier, sondern auch als *Alter Ego* des ithyphallischen Gottes im Tierreich betrachtet wurde. Überall, wo sich der Phalluskult verbreitet hat, ist auch der Kult des Stiers und seiner Hörner zu finden, die als Symbole der Macht gelten. Männliche Potenz ist gleichbedeutend mit sexueller und göttlicher Potenz.

Stieramulett aus Bronze. (Nationalmuseum, Kopenhagen)

79

Italien: Etruskische Göttin, auf einem Stier reitend, Bronze. (Römisches Museum)

In Griechenland und Rom nahm zuweilen der Bock die Stelle des Stiers ein, während er in Indien nach wie vor das heilige Tier ist, dessen Bild man am Eingang all jener Heiligtümer findet, in denen der Lingam verehrt wird. Die Gläubigen berühren die Hoden des Tiers, bevor sie den Tempel betreten, um den göttlichen Phallus mit Blumen, Räucherwerk und Opfergaben zu verehren.

Auf griechischen Münzen wird der Auerochse, der archaische Wildstier, dargestellt, wie er auf das phallische Ei losgeht und es auf die Hörner nimmt. In den Orpheus-Hymnen wird der Gott als *tauromorphos*, also in der Gestalt eines Stieres, bezeichnet.

»Böse Geister, geboren aus der Vereinigung Vishnus mit den Töchtern der Titanen, verbreiteten Schrecken im Himmel und auf Erden. Da nahm Shiva die Gestalt eines Stiers an und vernichtete sie« (*Shiva Purāna, Shatarudra Samhitā*, Kap. 23). In Momenten der Gefahr nimmt auch der kanaanitische Gott Baal wieder seine ursprüngliche Gestalt des kosmischen Stiers an.

Der Stier ist das Gefährt Shivas. Der Stier ist Shiva. Er ist in der Tierwelt die Verkörperung des Prinzips, das durch den ithyphallischen Gott repräsentiert wird. Der Ochse Apis wird mit dem kastrierten Osiris gleichgesetzt. Der Stier ist der alte kretische Gott, der seit der ältesten Antike verehrt wird. »Als Sohn der Erde …, Symbol des aktiven, samenproduzierenden Prinzips war der Stier in allen Zivilisationen, die das Rind domestizierten, ein heiliges Tier« (Paolo Santacangeli: »Il Libro dei Labirinti«, S. 234). Der Stier wird mit der Idee hoher, wenn nicht gar der höchster Göttlichkeit an sich assoziiert. Nach Jean-Clarence Lambert (»Labyrinthes et dédales du monde«, S. 10) ist das Sanskritwort *go* (Stier) eine der Etymologien des Wortes für die Bedeutung »Gott«, das sich im Skandinavischen zu *Gud*, im Deutschen zu *Gott* und im Englischen zu *god* entwickelte. Im Anatolien des 7. vorchristlichen Jahrtausends sowie im minoischen Kreta hat der männliche Gott die Gestalt eines Stiers oder wird zumindest mit dem Stier in Verbindung gesetzt. Genau in der Zeit, die die Purānas für die Ausbreitung des Shivaismus angeben (7. Jahrtausend v. Chr.), finden wir im anatolischen Çatal Hüyük (um 7000 v. Chr.) bereits die ersten Darstellungen des Gottes in Gestalt eines Knaben, Adoleszenten oder bärtigen Erwachsenen, der auf seinem heiligen Tier, dem Stier, reitet. An den Wänden des Kultraumes hingen außerdem Köpfe von Stieren.

Eine Shivadarstellung aus Mohenjo Daro (2000 v. Chr.) zeigt den ithyphallischen Gott (*urdhvamedhra*) sitzend in Yogahaltung. Sein Haupt ist mit Stierhörnern gekrönt. Daneben finden sich zahlreiche gehörnte Masken und Darstellungen von Stieren mit Buckel. Auch der einhörnige Stier ist in Mohenjo Daro dargestellt. Ctesias und Aristoteles betrachteten Indien als das Ursprungsgebiet des Einhorns. »Wir verehren den, der das Starke und Schwache vereint, den, der Unruhe stiftet und selbst die Ruhe wahrt, Nandi, den Stier mit seinem breiten Buckel und seinem einen strahlenden Horn.« (*Linga Purāna*, 1.21.25)

In Gedrosia (in der Gegend von Quetta im heutigen Pakistan) wurden von Sir A. Stein Buckelstiere gefunden, die mit dem Lingam Shivas in Bezug gesetzt waren und bereits aus dem Chalcolitikum (zwischen Neolithikum und Bronzezeit) stammten. Außerdem fand man im Schatz von Kazbek, in den Bergen des Kaukasus, ithyphallische Darstellungen von Shiva, der aufrecht auf den Hörnern eines Stieres stand.

Indien: Die Große Göttin verehrt den Lingam und begrüßt Shiva und den Stier.
Stoffdruck, 19. Jh., Madras. (Sammlung Jacques Cloarec)

»Im Lande der Kanaaniter, in Ugarit, waren die Stiere El und Baal die wichtigsten Gottheiten. Baal entspricht dem phönizischen Hadad, dem syrisch-hethitischen Theshub und dem ägyptischen Seth. Baal zieht in menschlicher Gestalt und mit dem Kopf eines Stiers in den Kampf gegen Ungeheuer.« (R. F. Willetts: »Cretan Cults and Festivals«, S. 162) Der El-Kult, den die in Palästina eingewanderten hebräischen Patriarchen praktizierten, wurde zwar von Moses verdammt, aber er lebte noch bis zur Herrschaftszeit Davids weiter. Es sind Statuen des heiligen Stiers mit deutlichem Einfluß der ägyptischen Kunst erhalten, die in jener Zeit entstanden und vom Überleben der alten Glaubensformen in der semitischen Welt zeugen. Der Brauch ekstatischer Tänze ist auch noch für die Zeit Samuels (1020 v. Chr.) belegt.

Die Rinder Apis und Mnevis als lebendige Inkarnationen des Osiriskultes spielen eine grundlegende Rolle in der Religion der Ägypter, die ebenfalls, zumindest im Medium der Sprache, Semiten waren. Nach Cicero war von Hapi oder Serapis, einem Nilgott in Stiergestalt, ein zweiter Dionysos gezeugt worden. Der Pharao wurde »der Stier, der die Mutter fruchtbar macht« genannt.

In Elis pflegte man den Dionysos-Stier anzurufen. Man sah ihn in Gestalt eines tanzenden Stiers dem Meer entsteigen. Dem Shiva-Mythos zufolge lehrte der Stier Nandi den Menschen die Kunst des Tanzes und der Musik. Wie Athenaios in seinem Werk »Deiphosophistai« oder »Gastmahl der Gelehrten« (XI, § 5, 476a) bemerkte, wurde Dionysos von den Dichtern sehr häufig als Stier herausgestellt und zeigte sich, auch wenn er nicht ausschließlich ein Stiergott war, dennoch gerne in dieser Gestalt. Auf Kreta wie in Ägypten war die Kuh das Symbol des Mondes und der Stier das Symbol der schwängernden Sonne. In Olympia wurde Dionysos in Form eines Stiers oder einer Schlange verehrt. Auf den griechischen Vasen finden wir Darstellungen von Dionysos und Poseidon, die auf Stieren reiten, von denen der eine weiß und der andere schwarz ist. »Eine Parallele und Analogie zu solchen Symbolismen könnte man in der allen Viehzüchtervölkern gemeinsamen bildlichen Darstellung des Stiers oder Bocks als das männliche Prinzip der Fruchtbarkeit sehen; er verteilt seine sexuelle Gunst und Energie unter den weiblichen Verehrerinnen und Eingeweihten. Der frühe westasiatische Dionysos-Kult ist ein Beispiel dafür, ein anderes ist der Kult des keltischen hörnertragenden Gottes Cernunnos« (Philip Rawson: »Primitive Erotic Art«, S. 54).

Um die Geburt des Stiers rankten sich folkloristische Legenden. Im *Kanda Purāna* (6.13.303) in tamilischer Sprache heißt es, die Glücksgöttin Lakshmi habe aus

Frankreich: Göttin, ein Stierhorn in der Hand haltend, ca. 27 000 v. Chr. (Zeichnung: Jim Ann Howard)

83

Angst, in der Sintflut unterzugehen, die Gestalt eines Stiers angenommen und sei auf diese Weise zu Shivas Reittier geworden.

Shiva wird stets auf dem Rücken oder in Begleitung eines Stiers dargestellt. Der Stier, der auf der Suche nach Abenteuern umherzieht, personifiziert die Kraft des Erotischen. Nur Shiva, der über das Erotische dominiert, vermag den Stier zu reiten. Man läßt einen Stier frei, um die Gunst des Gottes zu erhalten. In Indien ist das Rind als Spezies insgesamt heilig. In Phrygien wie auch andernorts in der Antike galt es als kriminelles Vergehen, ein Rind zu töten. Kuh, Stier und Ochse waren heilig. Stierfeste, Stierkulte und Stieropfer sind überall Relikte von shivaitischen Ritualen und des Phalluskultes.

Im minoischen Kreta bildeten Stierkampfspiele einen Teil der kultischen Handlung. Diese sakralen Stierkämpfe wurden in Arenen, umgeben von Zuschauertribünen, feierlich im Palast zelebriert. Die Wandgemälde von Knossos zeigen Akrobaten, die im Salto über den Rücken des Stiers fliegen. Der Stier personifiziert Aufrichtigkeit und Gerechtigkeit, die Tugenden der Starken. Nandi symbolisiert *dharma,* die kosmische Ordnung. Die gleiche Rolle spielt bei den Sioux-Indianern der Ur-Bison. In der hellenischen Welt wurden die Kinder dem Stier gewidmet. Die spartanischen Kinder unterschiedlichsten Alters speisten und schliefen gemeinsam und bildeten eine als »Herde« (*agela*) bezeichnete Gemeinschaft unter der Aufsicht eines jungen Mannes, der als »Führer«- oder »Hauptstier« (*buagos*) bezeichnet wurde. Während des Festes der Thiodaisai, auf denen der Austritt der jungen Leute aus der *agela* und ihre gemeinsame Verheiratung gefeiert wurde, war (nach Strabon) der Gott, den man dabei verehrte, der minoische Stiergott, der später der kretische Zeus (*Kretagenes*) genannt wurde. In den Thiasai, dionysischen Bünden wie denen von Torre Nova (2. Jahrhundert n. Chr.) zeugten die Rollen des *bukolos* (Rinderhirten) und des *archibukolos* von einer Rückkehr zum Stier- bzw. Dionysos-Kult. Ähnlich wie der Minotauros von Theseus, wurde der göttliche Stier am Ende geopfert, d. h., der Gott wurde zu Tode gebracht, um die Menschen zu erlösen. Sein Blut wurde dabei sorgfältig in einem Kelch gesammelt.

Der Stier ist die Manifestation des Gottes Dionysos im Reich der Tiere. Der Gott inkarniert sich im männlichsten und edelsten Tier, durch das er der Welt auf dem Opferaltar die Erlösung bringt.

Obwohl des Stieropfer im shivaitischen Indien heute nur noch selten praktiziert wird, bildete es einen wesentlichen Bestandteil des einstigen Rituals. In Rom lebten der sakrale Charakter des Stiers und die Opferriten bis in das vierte nachchristliche Jahrhundert im Mithraskult weiter. Die spanischen Corridas mit der Tötung des Stiers sind ein noch heute lebendiges Relikt dieses Kultes, der in den römischen Heeren weit verbreitet war.

DIE HÖRNER

Als symbolisches Zeichen des Stiers repräsentiert das Horn Macht, Stärke und Virilität. Wir finden es bereits in frühester Vorzeit dargestellt. »In Laussel wurde die Abbildung einer Göttin aus dem Alt-Périgourdien (um 27 000 v. Chr., d. h. aus der mittleren Eiszeit) gefunden, die Stierhörner in der Hand hält« (Alexander Marshack, »The Roots of Civilization«, S. 335). Das Ägyptische Totenbuch nennt den Gott Amon »Herr mit den zwei Hörnern«. Im Hebräischen bedeutet *queren* gleichzeitig Horn, Potenz und Kraft. In den Psalmen symbolisiert das Horn die Macht Gottes, den mächtigsten Schutz derer, die ihn anrufen (Psalm 18,4).

In der chinesischen Mythologie begegnet man dem schrecklichen Tch'e Yeou mit dem Hörnerkopf. In Mohenjo Daro erscheint der ithyphallische Gott in Yogasitz und mit Stierhörnern auf dem Kopf. In Ugarit ist der Gott, als »der Barmherzige« oder »der mächtige Stier« bezeichnet, auf einer Stele aus dem 14. Jh. v. Chr. auf einem Thron sitzend dargestellt. Er trägt eine mit Hörnern geschmückte Tiara, eine hohe spitze Kopfbedeckung. Die Porträts der Könige wurden zum Zeichen dafür, daß sie ihre Machtbefugnis aus dem Himmel bezogen, mit Hörnern verziert. Das kretische Königshaus betrachtete einen Stiergott als seinen Stammvater. Mit der Zeit wurde der Stier dann zum allgemeinen Symbol der Königswürde, weshalb wir später die Porträts der Könige immer wieder mit Hörnern gekrönt finden.

So trugen auch die makedonischen Könige Hörner, um ihre göttliche Abkunft zu demonstrieren, und als Moses vom Berge Sinai herabstieg, nachdem der Geist über ihn gekommen war, erschien auch sein Haupt mit Hörnern gekrönt (*Exodus* 34,35). Im Kreuzgang des Klosters Vaison-la-Romaine ist ein Christuskopf mit zwei großen Stierhörnern eingraviert. Im babylonischen »Gilgamesch«-Epos zieht der Held gegen den Riesen Khumbalba zu Felde, dessen Kopf mit Stierhörnern bewehrt ist. In Ägypten stellte der Stier Apis den Gottkönig dar. Reshep, der Kriegergott asiatischen Ursprungs, der mit Seth, dem Bruder des Osiris, gleichgesetzt wurde, trägt die mit zwei Hörnern versehene Krone Oberägyptens. Nach Cauvin stammen die in Mureybed am Mittleren Euphrat gefundenen kultischen Stierschädel bereits aus einer Zeit um 8200 v. Chr. Im bulgarischen Donauhafen Ruse wurden Weihehörner gefunden, die nach Gimbutas aus einer Zeit um 3890 v. Chr. stammen. Auch Dionysos wurde als gehörnter Gott dargestellt.

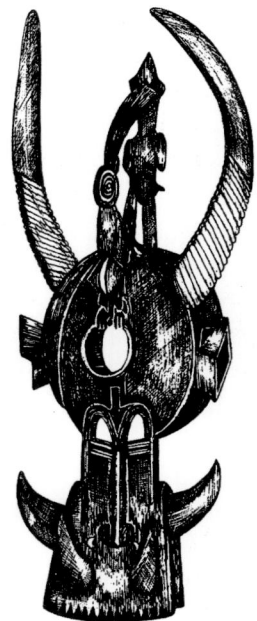

Afrika: Ritualmaske mit Hörnern und phallischer Figur, Senufo.

85

>Doch hatte sogleich ihn Zeus
der Kronide, zu sich genommen
an Mutterleibes statt,
verbarg ihn im Schenkel,
umschloß ihn mit goldenen Spangen ... .
Als nun die Moiren
das Knäblein zur Reife gebracht,
da gebar ihn Zeus,
einen Gott mit Hörnern des Stiers,
und kränzte ihn
mit Schlangenwinden«.

Eurypides: »Die Bacchen«, 95-102

Die »Beinhäuser« der etruskischen Könige trugen zur Verzierung Hörner auf dem Dachfirst. Auf Delos existierte früher neben dem kubischen Stein auch noch ein als *Keraton* bezeichneter Altar, der aus Rinder- und Ziegenhörnern gebaut und dem Kult von Apollon Karneios, dem Schutzgott des Hornviehs, geweiht war. In der Bretagne findet sich dieser Kult in dem des Hl. Corneille wieder, der in der Gegend von Carnac verehrt wird. »Das Wort *corne* (Horn) hängt ganz offensichtlich mit der Wurzel KRN und daher auch mit frz. *couronne* [vgl. engl. *crown*, dt. *Kranz* und *Krone,* Anm. d. Übers.], einem weiteren symbolischen Ausdruck der gleichen Idee, zusammen ... Beide sind »Gipfel« und sitzen auf dem höchsten Punkt des Kopfs ... Ganz ähnlich scheint das griechische Wort *keraunos* für den Blitz, der ja gewöhnlich in die Gipfel, d. h. in die höchstgelegenen Orte oder Gegenstände einschlägt, von derselben Wurzel abgeleitet zu sein.« (René Guénon: »Symboles fondamentales de la science sacrée«, S. 204) Bereits im Ortsnamen von Carnac, einem megalithischen Tempelzentrum in der Bretagne, – und nicht nur hier, sondern auch in den Namen des ägyptischen Karnak, des indischen Konara und mehrerer anderer Orte – klingt ebenfalls die Wurzel KRN an.

Die Krieger verschiedener Länder, allen voran die Gallier, trugen Helme, die mit Hörnern verziert waren. Als Amon wird Alexander mit Hörnern dargestellt, die die göttliche Natur seines Genies symbolisieren.

Der Bedeutungsgehalt der Hörner hat sich über die gesamte präkeltische und germanische Kultur bis nach Mitteldeutschland verbreitet. »Kernunnos oder Cornely, der Schutzpatron des Hornviehs, ist der Erbauer von Megalithmonumenten, in deren Umgebung man die *mein gurun* oder ›Blitzsteine‹ findet, wie die prähistorischen Äxte im Volksmund genannt werden. Die Verehrung des Hl. Cornely, der für seinen Glauben geopfert wurde, gemahnt an das Bild des heiligen Stiers von Minos und seine Attribute, die Hörner und die Doppelaxt« (Gwenc'hlan Le Scouëzec: »Guide de la Bretagne mystérieuse«, S. 70).

Kreta: Stierkopf, 1450 v. Chr. (Foto: Leonard von Watt)

Der gehörnte Dämon der volkstümlichen Sagen und Märchen mit seinen gespaltenen Hufen und seinem bedrohlich gezückten Dreizack geht mit Sicherheit ebenfalls auf diesen Ursprung zurück. Die Hörner als Symbol der göttlichen Macht sind auch in Afrika anzutreffen.

DIE MONDSICHEL

Die Hörner von Shivas Stier werden durch die Mondsichel dargestellt, die er auf seiner Stirn trägt. Eine Inschrift aus Kambodscha beschreibt den Mond als das vollkommene Horn von Shivas Stier. Dieser Assimilation begegnen wir auch in Sumer, Babylonien und Ägypten wieder. Für die Hindus wie für die semitischen Völker ist der Mond eine männliche Gottheit. Der Mondgott von Ur wurde auch »der mächtige Jungstier des Himmels« oder »der mächtigste Jungstier mit den starken Hörnern« genannt. Der mesopotamische Mondgott Sin hatte die Gestalt eines Stiers. In Ägypten wurde die Mondgottheit »der Stier unter den Sternen« genannt. Der lunare Gott Osiris wurde durch einen Stier dargestellt. Daneben ist der Mond auch der Kelch, der den Unsterblichkeitstrank (*amrita*) enthält, sowie der Ort, an dem der Weg der Vorfahren (*pitriyāna*) endet. In Persien wurde der Mond als *Gaoeithra,* der Kelch, in den der Urstier seinen Samen ejakuliert hatte.

DER HEILERGOTT UND DIE SCHLANGE

Um den Lingam windet sich eine Schlange, die mit ihrer gespaltenen Zunge seine Spitze berührt. Shiva trägt ein Kollier von Schlangen um den Hals. Die Schlange ist das Bild der latenten, schlafenden Energie, die Quelle der sexuellen und geistigen Potenz, die eingerollt an der Basis der Wirbelsäule ruht und die sich der Yogi auf seiner inneren Reise bei seinem Versuch, in die höheren Welten zu gelangen, nutzbar macht. Die Schlangen dienen Shiva als Schutz. Er trägt Schlangen als Schmuck und als heiliges Band. Nach den *Griya Sutras,* die von häuslichen Ritualen handeln, soll man Shiva an solchen Orten Opfer darbringen, wo es Schlangen gibt. Nur der Heiler Shiva hat Macht über die Schlangen. Die Schlange scheidet das Gift aus, das das Gegengift zu Amrita, dem Unsterblichkeitselixier, darstellt und das die Menschen daran hindert, frei zu werden.
Rudra-Shiva, der Gott der Pflanzenwelt, kennt alle Heilmittel. Er wird als der Größte unter den Ärzten beschrieben (*Rigveda* 1.43.4, 1.114.5, 2.33.2, 4, 7, 12, 13 etc). Er verfügt über Gifte, die ihm selbst aber nicht gefährlich werden. Als die Götter und Titanen die Welt gebaren, indem sie den Ozean wie Rahm zu Butter stampften, entstand dabei nicht nur Nektar, sondern auch Gift. Dieses Gift trank Shiva, um die Welt zu schützen. Das Gift blieb dem Gott im Hals stecken, wo-

Indien: Lingam-Anbetung; Zeichnung 19. Jh. (Foto: Lance Dane)

rauf dieser blau anlief. Daher wird Shiva auch der Gott mit dem blauen Hals (*nilā - kanta*) genannt. In der Medizin werden Gifte in maßvoller Dosierung aber auch zur Heilung verwendet. Die Schlange verfügt über die tödlichsten Gifte und bildet das Halsgeschmeide Shivas, der stets mit Schlangen assoziiert wird. Diesem Aspekt des Gottes begegnen wir in Rom und Griechenland bei Asklepios wieder. »Die Verehrung von Asklepios hatte bereits auf Kreta große Bedeutung. Seine Begleiterin ist die Schlange. Der Respekt vor Asklepios und seinen medizinischen Wunderheilkünsten … war so nachhaltig, daß er in der spätheidnischen Zeit als der Hauptgegenspieler von Christus betrachtet wurde.« (R. F. Willetts: »Cretan Cults and Festivals«, S. 224)

Die Schlangen sind Bewohner der Unterwelt. Sie leben in den Eingeweiden der Erde und kennen ihre Geheimnisse. Sie verfügen über Gift und bilden daher die Antithese zu den überirdischen, also himmlischen Göttern, die über das Unsterblichkeitselixier Ambrosia verfügen. Die alten Dravidien, ein Volk der Induskulturen, verehrten die Schlangen, die das große Volk der Nagas bilden und die stets mit einem menschlichen Körper und einem Schlangenschwanz dargestellt werden. Ihre Abbildungen sind in großer Zahl im Bereich der Tempel zu finden und sie spielen in den shivaitischen Legenden eine bedeutende Rolle. Gelegentlich mischen sich die Schlangen in die Welt der Menschen ein. Im *Nagananda,* dem »Glück der Schlange«, erzählt der Dichter Harsha von den Abenteuern eines jungen Naga, der durch einen heldenhaften Prinzen und dank der Einwirkung der Göttin vor dem grausamen Geier Vishnus errettet wird.

Die Nagas hüten das magische Wissen der alten Weisen und die Geheimnisse der magischen Kräfte. Das um 1000 v. Chr. entstandene *Shatapatha Brāhmana* (13.4.3,9) erkennt die Tatsache an, daß der Veda in Wahrheit »die Wissenschaft der Schlangen (*sarpa-vidya*) sei« (Mircea Eliade: »Geschichte der religiösen Ideen«, Bd. I, S. 192). Die Schlangen sind die letzten Überlebenden der ältesten Gottheiten.

Der Kult der Schlangen oder Nagas wurde zur Zeit der Entstehung der Sūtras (600–400 v. Chr.) in die arische Religion integriert. »Als Alexander verschiedene Städte Indiens angriff und einnahm, entdeckte er in einigen von ihnen neben anderen Tieren eine Schlange, die die Inder als heilig ansahen. Sie hielten sie an einem unterirdischen Ort und verehrten sie mit tiefem Glauben. Die Inder flehten Alexander an, daß niemand diese Reptilien belästigen möge, und er hielt sich daran.« (Älian: »Variae historiae«, Kap. 21)

»Der Schlangenkult ist verbunden … mit dem Kult der unterirdischen Mächte, die bald fruchtbar und somit günstig, bald aber auch gefährlich sind, da sie die Stabilität der Welt je nach Laune entweder stützen oder zerstören.« (Paolo Santarcangeli: »El libro dei Labirinti«, S. 112) Um den Hermesstab windet sich eine Schlange. Zwei Schlangen winden sich um den *caduceus* des Merkur und um den Heilstab des Äsculap. Asklepios wird von einer Schlange begleitet, die auf seine magischen Fähigkeiten hinweist und daran erinnert, daß die Heilkunst ursprünglich auf die alten Schlangengötter zurückgeht.

Die Uräus-Schlange, die die ägyptischen Herrscher in Form eines Diadems tragen, symbolisiert die Heilkraft, die mit der Königswürde verbunden ist. Die Herrscher der Asuras tragen in der Ikonographie des Hindutempels genau das gleiche Diadem.

Caduceus (Aus: Sule Greg Wilson: »The Drummer's Path«. Zeichnung: Oswald Simmonds)

»Manche dionysischen Kultgemeinden hatten die Tradition der Kenntnis von Reptilien und des Umgangs mit Schlangen – eine Praxis, deren Alter und religiöser Charakter in der Welt der Ägäis bereits im zweiten vorchristlich-minoischen Jahrtausend durch Monumente belegt ist – weiter gepflegt und erneuert.« (Henri Jeanmaire: »Dionysos«, S. 403) In Indien kann man auch heute noch auf Schritt und Tritt den sogenannten »Schlangenbeschwörern« begegnen, die nicht nur reine Touristenattraktionen, sondern zu Bruderschaften zusammengeschlossen sind, denen magische Kräfte nachgesagt werden.

Daneben ist der Schlangenkult in unserer Zeit auch noch in Italien zu finden. In den Abruzzen pflegt man zum Fest des Hl. Domenico Schlangen um die Figur des Heiligen zu winden, und während die Gläubigen der Prozession des Heiligenbildes folgen, hantieren sie ebenfalls mit Schlangen, ein Brauch, der deutlich sichtbar auf einen uralten Ritus zurückgeht.

Der wichtigste unter den minoischen Hauskulten ist der Schlange gewidmet, insbesondere in Gestalt der Schlangengöttin, der Herrin der Tiere. Die archaische Schlangengöttin taucht neben Zeus in der Person der Hera auf. Im Hellas der Folgezeit wird die Schlange zu einer männlichen Gottheit, blieb aber weiterhin der zentrale Kern des häuslichen Kultes. Der kretische Zeus in Schlangengestalt wird *Meilichios,* der Wohltätige, genannt. Die Schlange als Symbol des weiblichen Prinzips repräsentiert die Verbundenheit mit den Dingen der Erde. »In allen Traditionen ist die Schlange die Herrin der Frauen, denn sie ist das Symbol der Fruchtbarkeit.« (Mircea Eliade: *Ebenda*)

In einem griechischen Mythos, von dem Athenagoras (XX, Kap. 292) berichtet, stellt Zeus seiner Mutter Rhea nach. Nachdem diese sich in eine Schlange verwandelt hat, schlüpft auch er in die gleiche Form, verknüpft sich mit ihr zu dem sogenannten »Herakles-Knoten« und macht sie so zu seiner Frau. In Westasien wird Astarte mit einer um ihre Hände und Arme gewundenen Schlange dargestellt. In Indien erscheint Kali über und über mit Schlangen behängt.

Bei den Tschokwe in Angola pflegt man eine hölzerne Schlange unter das Brautlager zu stecken. Bei den Nuruma in Gangoro heißt es, eine Frau werde schwanger, wenn sich eine Schlange in ihre Hütte schleicht. In Indien adoptieren die Frauen, die sich nach einem Kind sehnen, eine Kobra.

LINGA-SHARIRA – DER SEXUELLE CODE

Im Yoga ist »das an der Basis der Wirbelsäule sitzende feinstoffliche Zentrum ein Dreieck aus Lust, Wissen und Tat, das den Schoß bildet, in dessen Mitte strahlend wie tausend Sonnen der aus sich selbst geborene Phallus ragt« (*Shiva Purāna*).

Das lebende Einzelwesen ist nur ein vorübergehender Moment einer ständig andauernden Wirklichkeit, nämlich des Raums. So unwesentlich jedes Lebewesen als Individuum ist, so wesentlich ist es als ein Verbindendes, als das Glied einer Kette. Es gleicht dem Staffelläufer, der das olympische Feuer eine bestimmte Etappe weit trägt. Er ist der Übermittler eines Musters, eines beständigen Zeichensystems oder Codes, der von einem Individuum auf das nächste übertragen wird. Das typische Kennzeichen des Lebens ist die Fähigkeit, sich zu reproduzieren, sich fortzupflanzen und sich weiterzugeben. Es entwickelt sich im Laufe seiner Evolution durch Tausende von Generationen weiter. Der Mann wird als *Linga-dhara,* als Träger des Phallus, bezeichnet. Er ist der Diener seines Zeugungsgliedes. Seine eigene Individualität hat dabei keinerlei Bedeutung, außer in sehr begrenztem Maße, indem er dem Code, den er empfangen hat und den er im Rahmen der Spezies, der er angehört, weitergeben muß, das eine oder andere Element hinzufügt. Er ist zwar nur ein Glied in einer Kette,

Italien: Mythische Darstellung aus der Ilias, Basrelief, Rom.
(Vatikanisches Museum, Rom)

aber es gibt gute Glieder, die die Kette stabiler machen, und schlechte Glieder, die sie schwächen. Das permanent weitervermittelbare Element, der Code, der die Entwicklungsmöglichkeiten jedes Individuums, jedes Kettengliedes, definiert, ist im Samen enthalten, der ihn weitergibt. Er entspringt in gleicher Weise dem Zeugungsglied des Mannes, wie das Universum aus dem Lingam, dem göttlichen Phallus, hervorgegangen ist. »Nach dem *Sāmkhya-Kārikā,* einem Lehrbuch der Sāmkhya, einer philosophischen Schule, existiert der geschlechtliche Körper bereits vor der physischen Entwicklung seines Trägers. Er enthält den Keim des Verstandes und der anderen Fähigkeiten sowie die körperlichen Merkmale. Aber er kann sich erst manifestieren, wenn er sich verkörpert, obwohl er auch weiterhin vom Körper unabhängig bleibt. Er kennzeichnet sich durch ein *Dharma,* einen ›zu erfüllenden Zweck‹, den er mitbringt, wenn er von einem Körper auf einen nächsten übertragen wird. Um jenen Zweck zu erfüllen, der ihm in der Schöpfung zugeteilt wurde, agiert der sexuelle Code, der *Linga-sharira,* der durch die Macht der Natur (*pradhāna*) verkörpert wird, wie ein Schauspieler, der eine Rolle nach der anderen spielt.« (*Sāmkhya Kārikā,* 41–42)
»Das Universum ist aus der Beziehung zwischen einem Phallus und einem Schoß, einer Form und einer Substanz, hervorgegangen. Daher trägt alles die Signatur des Lingam und der Yoni. Die Gottheit ist das, was in Gestalt der individuellen Phalli in jeden einzelnen Schoß eindringt und alle Lebewesen zeugt.«
(*Lingopāsanā Rahasya*)
Das Prinzip, das den Namen Shiva trägt, repräsentiert die Gesamtheit der im Universum vorhandenen Zeugungskraft. »Er allein ist derjenige, der in alle Schöße eindringt.« (*Shvetāshvatara Upanishad,* 5.2)

92

Im Sperma sind alle körperlichen und geistigen Merkmale des Individuums vereint. Das, was wir als die DNS bezeichnen, nennen die Hindus daher den Phalluskörper.

Nach Galienus, dessen Ansicht während des gesamten Mittelalters vorherrschte, stammt das Sperma aus dem Gehirn, steigt über die Wirbelsäule herab und tritt durch den Phallus, die Mitte des Körpers und Quelle des Lebens, aus.

IV
NAMEN UND ASPEKTE DES ITHYPHALLISCHEN GOTTES

Tief im Walde ruft man tunlichst nicht des Tigers Namen – ganz so, wie man den Namen eines Gottes niemals offen ausspricht. Man spricht ihn nur indirekt durch umschreibende Adjektive an. Selbst das französische Wort *dieu* für Gott stammt von der Wurzel *div* ab, die soviel wie ›strahlend‹ oder ›leuchtend‹ bedeutet.

»Im *Aitareya Brāhmana* (II, Kap. 34,7) wird vorgeschrieben, daß man eine bestimmte Gebetsformel, die im *Rigveda* vorkommt, abwandeln muß, um »Rudra«, den Namen des Gottes, nicht direkt auszusprechen. Interessanterweise wird er in einer anderen Passage desselben Textes nie genannt, sondern als ›der Gott hier‹ umschrieben, und die gleiche Art, die direkte Verwendung des Namens zu vermeiden, ist auch andernorts zu beobachten« (Projesh Banerjee: »Early Religions«, S. 49). Daher wird auch der Phallus-Gott in allen Mythologien unter den vielfältigsten Namen angerufen.

Im indischen Pantheon verweist der Name Rudra, »der Heulende«, auf seinen furchterregenden Aspekt, während Shiva, »der Beschützer«, auf seinen wohltätigen Aspekt verweist. Nach dem Aspekt des Gottes, den der Gläubige höher schätzt, wird die geheime magische Gebetsformel aufgestellt, die der Initiand bei seiner Initiation erhält und die zeitlebens sein ständiger Schutz und Begleiter sein wird.

Auch Dionysos zeigt sich unter den verschiedensten Aspekten: Er kann ein Stiergott, ein Gott von zweifacher Geburt, ein Gott mit Hörnern und zuweilen auch ein junger, auf einem Panther reitender Dionysos sein.

Der ithyphallische Gott Shiva ist Prathamajā (der Erstgeborene), der »Älteste der Götter«, auch Bhāskara (der Leuchtende) genannt, und damit entspricht er dem Phanes (dem Erleuchtenden) der orphischen Tradition. Er zeugt Skanda (den Spermastrahl), den Gott der Schönheit und der Mysterien, auch Murugan oder Kumāra (der Adoleszent) genannt, womit er dem kretischen Kouros (jungen Knaben) entspricht. Und schließlich ist er auch Guha (der Geheimnisvolle), den die Griechen Hermes nannten.

Indien: Shiva-Lingam aus Bronze, spätes 18. Jh. (Foto: Lance Dane)

Im Prozeß der Schöpfung manifestieren sich »die Fähigkeit zu empfangen (*vimarsha*) und die Fähigkeit zu verwirklichen (*prakāsha*), wenn beide vereint sind, … zuerst in einem Grenzpunkt (*bindu*), an einer Stelle, die der Ausgangspunkt der Raumzeit ist. Von dort geht die Schwingung oder der Ton (*nāda*) aus, der die Substanz des Universums ist. Der Raum ist ein weibliches Prinzip oder empfangendes Gefäß, während die Zeit ein aktives männliches Prinzip ist. Ihr Einssein, symbolisiert durch den göttlichen Hermaphroditen, repräsentiert den Eros (*Kāma*), die schöpferische Implosion« (Karpātrī: *Shrī Shiva Tattva*).

Die Urgottheit ist ihrem Wesen nach zweigeschlechtlich. Die Teilung des Prinzips in zwei entgegengesetzte Pole, die die Welt gebären, ist jedoch nur eine scheinbare. In den Upanishaden wird das Göttliche als »das, worin die Gegensätze nebeneinander existieren« definiert. »Wenn Shiva und Shakti vereint sind, ist ihr Einssein sinnliche Lust. Die Lust ist ihre Wirklichkeit; ihre von einander getrennte Existenz ist nur eine Fiktion.« (Karpātrī: *Lingopāsanā Rahasya*)

Die Wirklichkeit der Welt ist daher im wesentlichen die Lust, der Funke, der bei der Vereinigung der Gegensätze entsteht. Der Hermaphrodit, das Symbol der Ungeteiltheit der Gegensätze, repräsentiert die reine, permanente, absolute Sinnenlust, die die göttliche Natur ist. »Die Zweigeschlechtlichkeit ist eine der vielfältigen Formen der Totalität/Einheit, die die Vereinigung der Oppositionspaare männlich-weiblich, sichtbar-unsichtbar, Himmel-Erde, Licht-Finsternis, aber auch gut-böse, Schöpfung-Zerstörung etc. bedeutet.« (Mircea Eliade: »Histoire des croyances et des idées religieuses«, S. 178)

»Die erste Schöpfung bestand aus Geistern, Genien, Dämonen, die aus dem Munde des ungeschaffenen Wesens als Materialisation seines Lebenshauches (*prāna*) schlüpften. Zuerst erschien Rudra, strahlend wie die aufgehende Sonne. Er war androgyn … Als das Unendliche diesen göttlichen Hermaphroditen sah, sprach es zu ihm: ›Teile dich‹. So kam es, daß mit der linken Seite des Gottes eine Göttin erschaffen wurde, die seine Gefährtin ward.« (*Linga Purāna*, 41.41–42 und 99.15–19)

Um eine Welt außerhalb ihrer selbst zu zeugen, teilt sich die Gottheit, die beiden Pole trennen sich. Damit hört der Zustand absoluter Seligkeit auf und wird erst wieder durch die Vereinigung der Gegensätze, durch die Liebe, geschaffen. Der göttliche Hermaphrodit »teilte seinen Körper in zwei Hälften, die eine war männlich, die andere weiblich; die männliche zeugte in dieser weiblichen das Universum«. (*Manu Smriti*, I, 32)

Dieses auslösende Prinzip läßt sich in gleicher Weise als männlich oder weiblich, als ein Gott oder eine Göttin betrachten, aber im einen wie im anderen Fall handelt es sich um ein androgynes oder transsexuelles Wesen.

Nach einer phrygischen Tradition, von der Pausanias (VII, Kap. 17,10–12) berichtet, befruchtete Papas (Zeus) einen steinernen Phallus, genannt Agdos, und dieser zeugte Agditis, ein hermaphroditisches Wesen. Nachdem die Götter Agditis kastriert hatten, verwandelten sie ihn/sie in die Göttin Cybele. Cybele ist das Äquivalent zu Parvati, der Frau der Berge, Shivas weiblichem Gegenpart. Bei den Kanaanitern in Ugarit ist Anat wie die anderen Göttinnen der Liebe und des Krieges mit männlichen Attributen ausgestattet und wird als zweigeschlechtlich betrachtet. Dasselbe gilt auch für die etruskische Göttin. Der huritische Gott Kumarbi ist zweigeschlechtlich wie auch die akkadischen Götter Tiamat und Zarvan. Der hethitische Teshub ist der Sohn des Himmelgottes Anu und einer androgynen Gottheit. Bildliche Darstellungen hermaphroditischer und ithyphallischer Gottheiten sind seit der Jungsteinzeit überall anzutreffen. Eine in Somerset (England) gefundene Holzstatuette ist ein typisches Beispiel dafür.

Alle Grade der Bisexualität erscheinen in den Aspekten des Gottes: er ist viril in seinen furchterregenden Formen und feminin in seinen günstigen und gütigen Aspekten, und auch die Göttin erscheint viril und aggressiv wie z. B. Bhairavi oder Kali, die zerstörerische Macht. In diesem Fall spielt sie in ihrer Beziehung zu Shiva die aktive Rolle, indem sie mit ihm *Viparita maithuna* oder die umgekehrte Kopulation praktiziert. Feminin, maßvoll und sanftmütig ist die Göttin dagegen als Parvati (Frau der Berge) oder Sati (Treue).

Das gleiche gilt für Dionysos, der bald als bärtiger Mann in den besten Jahren, bald als effeminierter Jüngling dargestellt wird. »... Zur gesetzten Zeit gebar Zeus, die Naht (seines Schenkels) sprengend den Dionysos und übergab ihn Hermes. Dieser brachte ihn zu Ino und Athanas und beredete sie, ihn als Mädchen zu erziehen.« (Apollodor: »Mythische Bibliothek«; III, 4.2) Als Dionysos in Gefangenschaft eines barbarischen Königs gerät, verspottet dieser ihn wegen seines weibischen Aussehens. Nach Nikander mahnt Dionysos in Gestalt eines jungen Mädchens die Minyaden, die sich auf absurde Weise arbeit- und tugendsam gebärden, bei alledem aber nicht seine Initiationsriten zu vernachlässigen.

In einem Fragment [der nicht erhaltenen Tragödie »Die Eidonen«, Anm. d. Übers.] von Aischylos erfährt der König vom Chor, daß der Fremdling in weibischer Tracht ins Land gekommen ist: »Den Leibrock hat er und die lyd'sche Bassara, / Die ihm bis an die Füße reicht.« Als er ihn erblickt, ruft er aus: »Woher der Weichling?« Er zieht ihm das Gewand aus, das das Symbol seiner Doppelnatur war: den safrangelben Schleier, den Gürtel, die goldene Mitra. Er entkleidet ihn, bis er ihn nackt und durchaus nicht ohne Manneskraft findet, doch zu zart gebaut, um von ihr Gebrauch zu machen: »Mit langen Schenkeln, bist du ein / Verschnittener wohl.« (»Die Tragödien und Fragmente«, Übersetzung: G. Droysen u. F. Stoessl, S. 416 f.) Herakles, der virilste unter den Heroen, tauscht mit Omphale seine Kleider. Arjuna, der tapfere Prinz aus dem *Mahābhārata,* verkleidet sich während seiner Verbannung als Eunuch und unterrichtet die Tochter des Königs Virata in Musik und Tanz.

In dem Mythos, der von Aristophanes erwähnt und von Platon in seinem »Gastmahl« aufgegriffen wurde, waren die ersten Menschen androgyn. Um sie dafür

Italien: Felszeichnung an einem Kultort in Val Comonica.
(Aus: Philip Rawson: »Primitive Erotic Art«.
Foto: Mission E. Anati)

zu strafen, daß sie aufbegehrt hatten, teilte sie Zeus in zweierlei Geschlecht. Auch nach den Puranas waren die ersten Menschen Weise, die noch dem Göttlichen nahestanden und mit Hilfe einer Form von geistiger Projektion Söhne zeugten. Um ihre Macht zu brechen, die wiederum die Macht der himmlischen Wesen bedrohte, erschufen die Götter die Frau und die Fortpflanzung durch Vereinigung der Geschlechter. In der Genesis läßt der Umstand, daß die Frau aus einer Rippe Adams geschaffen wird, darauf schließen, daß der ursprüngliche Mensch ein androgynes Wesen war, das nach dem Bild des göttlichen Hermaphroditen geschaffen wurde.

Wie Shiva war der erste Mensch (Adam) auf seiner rechten Seite Mann und auf seiner linken Seite eine Frau. Alle tantrischen Rituale, an denen Frauen teilnehmen, werden Rituale der linken Hand genannt. Die linke Seite ist die schwache Seite des Menschen und den niederen oder unreinen Verrichtungen vorbehalten. Daher gibt man einem nie die linke Hand zum Gruß, und ein Geschenk mit der linken Hand anzubieten, gilt als Zeichen der Verachtung. Auch muß das Standbild eines Gottes rechts herum – d. h. modern ausgedrückt: im Uhrzeiger-

Hellas: Attische Schale, spätes 6. Jh. v. Chr. (British Museum)

sinn — umschritten werden. In der tantrischen Magie, in der der weibliche Aspekt der Gottheit angerufen wird, geschieht dies in umgekehrter Richtung. Jedes zweigeschlechtliche Wesen kann als eine Emanation des transzendenten Aspektes des Gottes betrachtet werden. Androgyne, Homosexuelle und Transvestiten haben einen symbolischen Wert und wurden in den antiken Zivilisationen als privilegierte Wesen und Embleme des *Ardhanarishvara* betrachtet. Daher spielen sie in den magischen und tantrischen Riten wie auch im Schamanismus eine besondere Rolle. »Das endliche Ziel des Tantrismus ist es, die zwei polaren Prinzipien Shiva und Shakti im eigenen Körper zu vereinen … Die initiatorische Androgynie wird nicht immer, wie es z. B. bei den Australiern geschieht, durch einen operativen Eingriff markiert. In vielen Fällen wird sie durch die Verkleidung der Knaben als Mädchen und der Mädchen als Knaben nur suggeriert … Die homosexuellen Praktiken, die in verschiedenen Initiationen bezeugt sind, erklären sich wahrscheinlich durch einen ähnlichen Glauben, nämlich daß die Einzuweihenden während ihrer initiatorischen Unterweisung beide Geschlechter in sich vereinen.« (Mircea Eliade: »Méphistophélès et l'Androgyne«, S. 139 u. 149)

Bei den Schamanen ist die Fähigkeit der Divination, der Kunst des Wahrsagens, an die Zweigeschlechtlichkeit gebunden. In der rituellen Geste des *Anasyrma* hebt der als Frau verkleidete Magier seine Röcke und zeigt sein (männliches) Geschlecht, um seine Androgynität zu demonstrieren. Die etruskische Wahrsagerin trug einen Phallus an ihrem Gürtel. In den Mysterien des Hercules Victor

99

in Italien waren der Gott sowie die Initiierten als Frauen verkleidet. Der Verkleidung wurde nachgesagt, sie fördere Gesundheit, Jugend, Kraft und Lebensdauer.

»Im sibirischen Schamanismus vereint der Schamane beide Geschlechter in sich … Der Schamane verhält sich wie eine Frau, trägt weibliche Gewänder und zuweilen heiratet er sogar einen Mann. Diese rituelle Bisexualität – oder Asexualität – gilt zugleich als ein Zeichen der Spiritualität, des Kontaktes mit Göttern und Geistern sowie als Quelle sakraler Macht … Der Schamane stellt symbolisch die Einheit zwischen Himmel und Erde wieder her und sichert somit die Kommunikation zwischen den Göttern und den Menschen. Diese Bisexualität wird rituell und ekstatisch gelebt: Sie wird als unerläßliche Bedingung für das Überwinden der Conditio des profanen Menschen geleistet … Die sibirischen und indonesischen Schamanen verändern ihr Sexualverhalten, um die rituelle

Bacchanalienfest. (Zeichnung: Jim Harter)

Androgynie in konkreter Form zu leben«. (Mircea Eliade: »Méphistophélès et l'Androgyne«, S. 144–145)

»Man kann kein geschlechtlich erwachsener Mann werden, ohne zuvor das Nebeneinander beider Geschlechter, die Androgynie, erfahren zu haben; mit anderen Worten, man kann eine spezielle und fest umgrenzte Seinsart erst dann erlangen, wenn man davor eine totale Form des Seins kennengelernt hat.« (Mircea
Eliade: *Ebenda*, S. 138)

Das Ziel, das die menschliche Spezies anstreben soll, ist eine zunehmende Re-
integration beider Geschlechter, bis am Ende die Androgynie erreicht wird. Das
voll entwickelte Individuum neigt zur Bisexualität. Im bisexuellen Wesen ist die
Kommunikation zwischen beiden Hälften des Gehirns besonders stark entwickelt. Daher ist der schöpferische Künstler häufig bisexuell, aber nicht nur er,
sondern auch der Magier und das Medium, – daher die Rolle derer, die man in
den magischen Riten die »Invertierten« nennt, und die große Bedeutung, die in
den tantrischen Praktiken den Ritualen »der linken Hand« beigemessen wird.

Der Mythos vom göttlichen Androgyn wird symbolisch durch den Phönix dargestellt, der sich selbst zeugt und damit die Unsterblichkeit symbolisiert. Als das
Christentum in Rom Fuß faßte, wurde der Phönix auch mit dem Bild des Christus assoziiert. Wenn das Universum resorbiert sein wird, werden die beiden
entgegengesetzten Prinzipien wieder nur noch eines sein; dann wird der Hermaphrodit wieder auferstehen – zuerst in den Geschöpfen und dann auch in der
Gottheit selbst.

Bei den Dogon und Bambara in Mali gilt die Vorhaut als Materialisation der
weiblichen Seele des Mannes. Es handelt sich dabei vermutlich um einen analo-
gen Glauben, der auch am Ursprung des Brauchs der Beschneidung bei den Semiten steht.

DIE PHALLOPHORIEN – FESTE DES FRÜHLINGS

Phallusprozessionen waren wie das Aufstellen von Votivphalli in Griechenland
ein fester Bestandteil der Feste zu Ehren von Dionysos, dem Gott der Abschaf-
fung von Verboten und Tabus. Im 6. Jahrhundert stellte Heraklit von Ephesus
fest, daß die Prozessionen und phallischen Lieder, wenn sie nicht Dionysos gewidmet gewesen wären, durchaus Grund zur Schamröte geboten hätten. Als
Herodot in Ägypten Prozessionen miterlebte, die das Bildnis einer phallischen
Gottheit begleiteten, schloß er daraus, daß der Dionysoskult aus Ägypten nach
Griechenland gekommen war. Die ländlichen Feste der Dionysien bestanden
hauptsächlich darin, daß ein riesiger Phallus aus Holz in Umzügen herumgetragen wurde. Die Teilnehmer des Zuges trugen Tiermasken. Das gebotene
Schauspiel wurde von obszönen Scherzen begleitet. Aristophanes gibt davon in
den *Acharnern* eine humoristische Version wieder:

Ein gewisser Dikaiopolis hat ein persönliches Abkommen getroffen, das es ihm erlaubt, vom Kriegsdienst Abschied zu nehmen und zu den Freuden des Zivillebens zurückzukehren. Zusammen mit seiner Tochter als *kanephore* (Korbträgerin) und seinem Sklaven Xanthias als *phallophoros* (Phallusträger) trifft er alle Vorbereitungen, um seine persönlichen Dionysien zu feiern, die er wegen des Krieges bereits viel zu lange aufschieben mußte. Er stellt einen kleinen Festzug zusammen und stimmt darauf eine Hymne an, in der der Phallus in personifizierter Form unter dem Namen Phales erscheint:

»Stille Andacht, stille Andacht!
Zu seiner Tochter: Tritt mit dem Opferkorb da vor und du
Zu seinem Sklaven: Halt nur den Phallos aufrecht, Xanthios!
Zu seiner Tochter: Stell ab den Korb, mein Kind, wir fangen
an. ... So ist es gut –
Feierlich: Allmächtiger Dionysos,
laß dir gefallen unsern frommen Gang
Um den Altar und dies Familienopfer;
Laß mich die Dionysien in Ruh
Hier auf dem Land begehn, erlöst vom Krieg,
Und segne mir den dreißigjähr'gen Frieden.
Zur Tochter: Nun trag den Korb recht hübsch, mein hübsches
Kind; sieh drein, als hättst du Pfefferkraut im Mund.
Ihr nachsehend: Wie glücklich ist der Mann, der einst dich kost
Und solche Wieselchen sich mit dir macht,
Die ebenso wie du des Morgens duften.
Geh nun und sieh dich im Gedränge vor,
Daß sie dir nichts von deinem Goldschmuck mausen –
Den Phallos aufrecht, Xanthias, Ihr folgt
Dem Mädchen mit dem Körbchen auf dem Fuß;
Ich singe hinterdrein ein Phalloslied;
Frau, steige du aufs Dach und sieh uns nach.
Vorwärts. *Frau ab auf das Dach.*
  Singend: Phales, des Bakchos Spielgesell,
  Nachtschwärmer, lust'ger Zechkumpan,
  Ehebrecher, Knabenschänder!
  Vergnügt zum ersten Male seit
  Sechs Jahren grüß ich dich, ins Dorf
  Zurückgekehrt mit dem Vertrag.
  Juchhe, an Krücken geht der Krieg ...
Denn zehnmal lust'ger ist's, Phales, Phales
Des Nachbars hübsche Magd beim Reisigklauen

Im Phelleuswäldchen zu erwischen und –
   Rund um den Leib zu packen, zu heben,
  ins Gras zu werfen, zu züchtigen, ha,
    Phales, Phales.
Und willst du mit uns trinken, schlürfst du morgen
Ein Schlückchen Friedenswein im Katzenjammer.
Und Schild und Spieß, die häng ich in den Rauch«.
(Nach der Übersetzung von L. Seeger; bearb. v. H.-J. Newiger)

Im Athen des 5. Jahrhunderts pflegten die Schauspieler vor aller Augen mit Stolz ihr Mannesglied vorzuzeigen. Die Satyrn gehörten in den Umzügen zu den Trümpfen des Erfolgs: Sie bliesen auf der Flöte und stellten Erektionen von sagenhaften Dimensionen zur Schau.

Auf den sogenannten *Phallophoriai,* die man in den Dörfern zu veranstalten pflegte, wurden mehrere Phalli herumgetragen. Auf einer Vase im Museum von Florenz ist ein riesiger Phallus dargestellt, der auf einer Art Altar befestigt ist und von ithyphallischen Figuren auf den Schultern getragen wird. Manche Festteilnehmer erklettern den Phallus, der aus einem Holzpfeiler besteht, dessen Spitze in Form einer Eichel gespalten ist und der mit einem seitlich aufgemalten Auge verziert ist. Mit Hilfe von Seilen läßt sich der Phallus manövrieren und auf- und abbewegen. Im Rahmen der Großen Dionysien in Athen fand eine bedeutende Phallophorie statt, zu der auch Fremde eingeladen wurden, und es ist stark anzunehmen, daß das dort gezeigte Standbild plastischer geformt und reicher verziert war.

Nach Callixenes von Rhodos hat Athenaios eine Prozession beschrieben, die in Alexandria unter der Herrschaft von Ptolemaios II. Philadelphos mit unglaublichem Pomp und Hunderten von Teilnehmern stattfand. Dabei sollen mehr als zehn sakrale Festwagen vor dem prachtvollen Pavillon vorübergezogen sein, der auf Befehl des Königs eigens zu diesem Anlaß errichtet wurde. Ein Heer von Silenen, Satyrn, »Ithyphalloi« und Mänaden begleiteten die Standbilder des Gottes. ›Lebende Bilder‹ priesen die Gaben, mit denen er die Menschen beschenkte, oder sie feierten seine Macht und Potenz. In einem indischen »Bacchus«-Triumphzug defilierten wunderliche Tiere und Menschen entlegenster Rassen. »Auf einem anderen Wagen«, so berichtet der Erzähler, »befanden sich ein neunzig Ellen langer goldener Thyrsos und eine sechzig Ellen lange Lanze«, und auf einem weiteren Wagen »ein hundertzwanzig Ellen langer goldener Phallus, bedeckt mit eingravierten Zeichnungen,

Thailand: Ithyphallischer Affe aus Bronze.

Hellas: Satyr aus Ton. (Archäologisches Nationalmuseum, Athen)

geschmückt mit goldenen Bändern und an seiner Spitze verziert mit einer goldenen Sonne von sechs Ellen Umfang.« In Rom wurde Anfang Mai das Fest der
Floralia begangen.

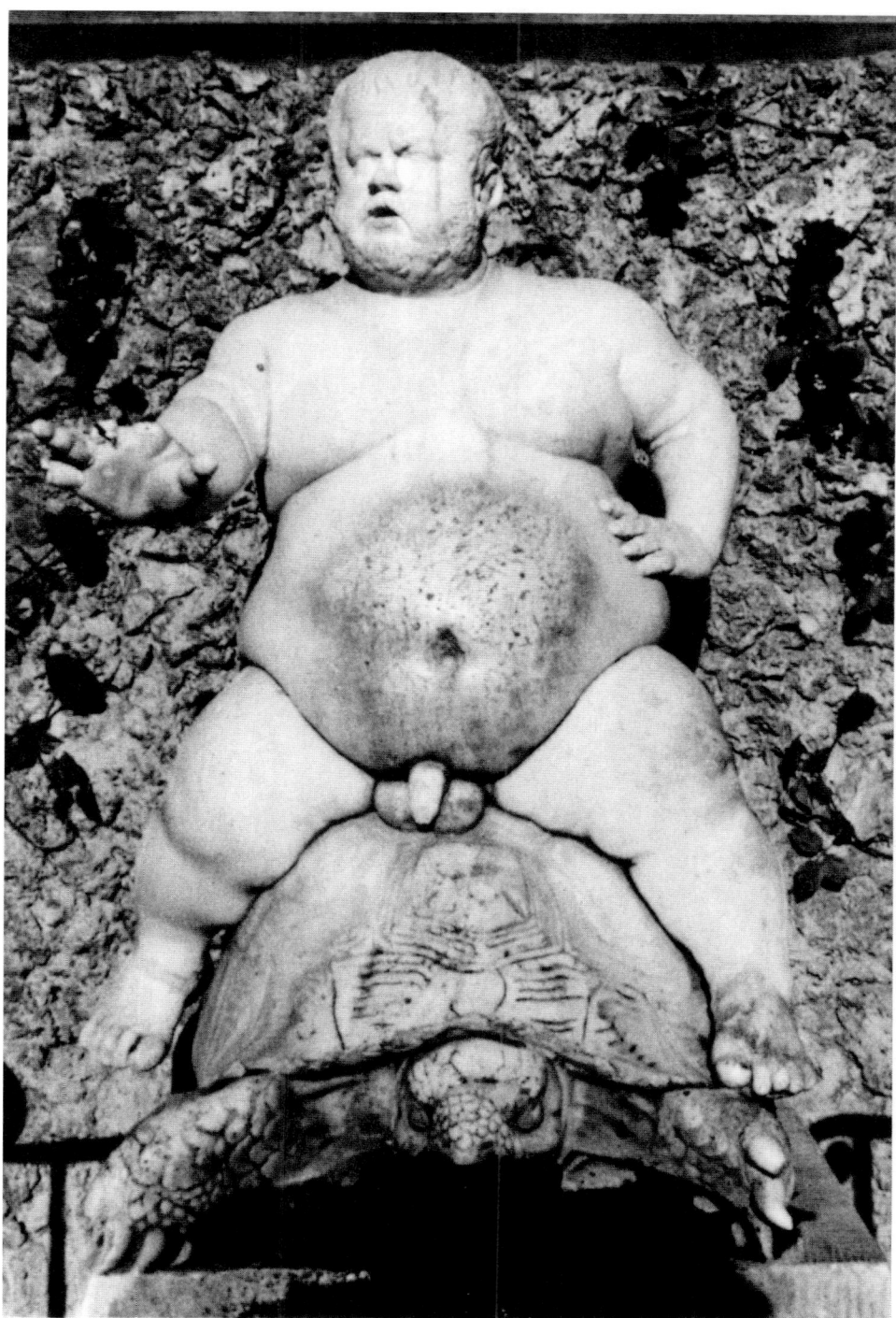

Italien: Statue eines fetten Nackten, allgemein als Bacchus identifiziert. (Palazzo Pitti, Florenz)

Das Frühlingsfest ist das Fest Shivas. Die Shivafeste sind stets die Feste der niederen Schichten, des Volkes. An Holi, einem Frühlingsfest, das den Dionysien entspricht und dessen noch heute lebendige Reminiszenzen die Karnevals- und Faschingsfeste sind, hatten die Handwerker und Diener das Recht, die Herren, die Adligen und die Priester zu verspotten und zu mißhandeln, wozu sie sich drastischer Beleidigungen und Obszönitäten bedienten, wie es auch die Gana, Shivas freche Knaben, mit den Göttern, Weisen und Brahmanen zu tun pflegen. Auf diesen Festen werden riesige rot bemalte Phalli und ithyphallische Affen durch die Straßen geführt. Eine von Kopf bis Fuß weiß geschminkte Person, die Shiva darstellt, führt den Umzug auf einem Maulesel reitend an. Die Teilnehmer des Festes bespritzen das Publikum mit buntfarbigen Wasserstrahlen, ein Brauch, an den bis heute die im Abendland verwendeten Karnevalskonfetti erinnern.

In Rom wurde anläßlich des *Liberalia*-Festes der Phallus Liber auf einem Wagen durch Stadt und Land gefahren. Angefeuert durch obszöne Reden, wurde auf dem Forum von Lavinium ein Phallus aufgestellt. Der heilige Augustinus berichtet, daß im Laufe der *Liberalia* ein riesiger Phallus auf einem mit Girlanden und Blumen bedeckten Prunkwagen umhergefahren wurde. Während der *Lupercalia* zu Ehren von Faun und Priap umrundeten nackte Luperci den Palatin und peitschten dabei die Frauen mit Lederriemen aus, um sie fruchtbar zu machen. Als »phallisch« werden auch die Feste zu Ehren von Bacchus und Osiris bezeichnet. Die *Bacchanalia* fanden in Rom zur Zeit der Weinlese zwischen dem 23. und 29. Oktober statt. Die Phallophoren waren die Ministranten des Bacchus und trugen während dieser Feste Phalli zur Schau.

DIE UNIVERSALITÄT DES KULTES

Der Phalluskult, der, so scheint es, in vorgeschichtlicher Zeit über die gesamte Welt verbreitet gewesen war, hat in verschiedenen Regionen der Welt sehr lange und zuweilen bis heute überlebt.

In Ägypten, Griechenland und Italien sind unzählige Phallusdarstellungen zu finden. Zu den berühmtesten zählen die Monumentalskulpturen von Delos. Daneben sind Phallusfiguren in allen antiken Gebäuden des römischen Reiches anzutreffen. Nimes blieb über lange Zeit ein Zentrum des Priapkultes im südlichen Teil Galliens.

In Schweden war Uppsala der Hauptsitz des Kultes. »Der dritte unter den Göttern Uppsalas«, so schreibt Adam von Bremen im 11. Jahrhundert in seinem Werk »De Situ Daniae«, war Fricco, der durch einen mächtigen Phallus dargestellt wurde und Frieden und Freude unter den Sterblichen verbreitete. Diesem Fricco, dem skandinavischen Fruchtbarkeitsgott, brachte man anläßlich von Hochzeiten ein Opfer dar.

Indonesien: Ithyphallische Holzstatuette.
(Sammlung Jacques Cloarec)

Phallischen Bildplastiken begegnet man auch überall in Südostasien sowie in der gesamten melanesischen und ozeanischen Welt, bis hin zu den Osterinseln. Im melanesischen Raum wird der Phallus in Sepik auf Borneo verehrt. In Neu-Guinea, woher auch ein goldener Phallus stammt, werden heute noch ithyphal-

Nigeria: Haarkrone, als Maske verwendet; getriebenes, graviertes Leder.

lische Steinfiguren angebetet. Die Fischer verwenden phallusförmige Haken zum Fang von Haien. Die polynesischen Statuetten von Hawaii, den Cook- und den Tonga-Inseln erinnern in ihrer Form an die von Neu-Guinea.

Auf dem amerikanischen Kontinent sind ithyphallische Maya-Gottheiten in Mexiko wie in Arizona zu finden. In Costa-Rica und auf Jamaika wurden nicht nur steinerne Phalli, sondern auch mit Penissen bestückte Vögel verehrt. In Colima, Mexiko, wurde die Bilddarstellung eines ithyphallischen Tänzers aus nachchristlicher Zeit gefunden. Andere Figuren dieser Art aus noch jüngerer Zeit stammen aus Taino. In Panama tragen die Cuno-Indianer Ritualkostüme aus Baumrinde, die ein stattlich großer Penis ziert. Aus Peru stammt ein Mörser in Form einer Schlange mit einem phallusförmigen Stößel. Die unzähligen erotischen Töpferwaren aus Mexiko scheinen jedoch nicht immer eine religiöse Funktion zu haben.

»Unter den sibirischen Völkern (z. B. den Kumandin) gab es ein bestimmtes Pferdeopfer, das von einer Aufführung maskierter Männer mit riesigen hölzernen Penissen begleitet wurde.« (Philip Rawson: »Primitive Erotic Art«, S. 14)

Noch bis vor kurzem umschritten in Kambodscha die Gläubigen in einer bestimmten Zeremonie, dem sogenannten Popil-Ritual, ein Tablett, das eine Vulva darstellte. In ihrer Mitte stand eine Kerze, die den Phallus symbolisierte. In Japan vergräbt man kleine Steinphalli in der Erde, um den Gedeih der Landwirtschaft zu fördern. In China entspricht ein dreieckiges Jadestück, genannt *Kwei,* dem hinduistischen Lingam.

In den meisten Ländern Afrikas begegnet man immer wieder phallischen Altären. »In Äthiopien hat sich die Phallussymbolik in den tief eingeschnittenen Tälern, die in den Ebenen des nördlichen Kenia auslaufen, bis heute erhalten. Dort stößt man auf zahlreiche Monolithe, die zu Phallusformen behauen wurden. Manche davon gehen bis auf die Bronzezeit zurück und stammen aus der gleichen Zeit wie die von Stonehenge oder Carnac, andere dagegen sind vergleichsweise jüngeren Datums. Phallische Grabsteine sind auf den Bagiuni-Inseln vor der Küste Somalias, aber auch weiter südlich, vor allem in Bagamoyo (Tansania), zu finden.

Die Tatsache, daß viele Minarette der Moscheen im Nordteil der Küste eine unverkennbar phallische Form haben, verleiht dieser ostafrikanischen Kultur einen eingeborenen Akzent, der dabei aber immer noch typisch islamische Züge hat.« (Basil Davidson: »Old Africa rediscovered«, S. 184)

V
FORTLEBENDE REMINISZENZEN

»Die Antike machte Priap zu einem Gott, das Mittelalter machte ihn zum Heiligen, der unter verschiedensten Namen in der gesamten christlichen Welt präsent blieb. Im französischen Midi, in der Provence, im Languedoc und in der Gegend von Lyon wird Priap weiter unter dem Namen St. Foutin verehrt, auf den man das Priap-Attribut in Form eines mächtigen Holzphallus übertragen hatte. Der Kult dieses Heiligen, wie er im 7. Jahrhundert praktiziert wurde, wird von Pierre de L'Estoile in der »Confession de Sancy« (Bd. V der Chronik Heinrichs III.) beschrieben. Hier erfahren wir, daß die dem Hl. Foutin geweihten Phalli von den Decken der Kapellen herabhingen. Wenn sie vom Wind in Bewegung gesetzt wurden, erzeugten sie ein leichtes Gemurmel, das die frommen Seelen zuweilen arg beunruhigte.

In Embrun (Hautes-Alpes) pflegten Frauen Weinopfer über die Eichel von St. Foutins Glied zu gießen. Wenn der Wein, der sich um ihn sammelte, in Essig umschlug, wurde er zu einem Zweck verwendet, über den es nur dunkle Andeutungen gibt. Als Embrun im Jahre 1585 von den Protestanten eingenommen wurde, fanden sie unter anderen Reliquien der Kirche auch den Phallus in noch gut erhaltenem Zustand, die Spitze noch gerötet von den Waschungen mit Wein. Ein anderer Phallus, diesmal mit Leder bespannt, war Objekt eines Kultes in der Kirche St. Eutrope in Orange. Die Protestanten konfiszierten ihn und vernichteten ihn 1562 durch öffentliches Verbrennen.« (Payne Knight: »The Worship of Priapus«, S. 66)

»In der Nähe von Clermont in der Auvergne befand sich einst ein Felsfindling, der wie ein riesiger Phallus geformt war und ebenfalls St. Foutin genannt wurde. Phallische Heilige ähnlicher Art wurden unter den Namen St. Guerlichon oder Greluchon in der Diözese von Bourges, Saint Gilles im Cotentin, Saint Remi in Anjou, St. Regnaud in Burgund, St. Arnaud und insbesondere von St. Guignolé in der Nähe von Brest sowie im Dorf La Chatelette in Bercy verehrt.

Frankreich: Folkloristische Darstellung eines Geistlichen mit mechanischem Glied; Holzfigur mit Geheimfach. (Sammlung Jacques Cloarec)

Indien: Personifizierter Shiva auf seinem Lingam; Bronze, spätes 18. Jh.
(Foto: Lance Dane)

Viele dieser Phallusse wurden noch bis ins 18. Jahrhundert hinein verehrt. Manche waren durch ständiges Daranreiben stark abgenutzt, da sich jeder etwas von dem kostbaren Staub sichern wollte.« (Payne Knight: »The Worship of Generative Power«, S. 133)

In Antwerpen wurde Priap bis in relativ moderne Zeiten unter dem Namen *Ters* verehrt. (Die Herkunft dieses Namens ist unbekannt, aber er hat die gleiche Bedeutung wie das griechische Wort *phallos* oder das lateinische *fascinum*). Joannis Goropius (Johannes Gropius) erklärt uns in seinen »Origines Antwerpiae« (Mitte des 16. Jahrhunderts) den Grund, weshalb die Bürger von Antwerpen diesen *Ters* verehrten: »Wenn den Weibern ein Gegenstand zu Boden fällt, wenn sie selbst hinfallen oder wenn irgendein überraschender Zwischenfall sie erzürnt, so rufen selbst die achtbarsten mit lautem Geschrei Gott Priap unter seinem obszönsten Namen an, um seinen Schutz zu erflehen. Auf dem Tor des Stadtgefängnisses fand sich einst eine Figur, bestückt mit einem mächtigen Phallus, der vollkommen abgegriffen war.« (Joannis Goropii Becani: »Origines Antwerpiae«, (1569), Buch I, S. 26–101)

Abraham Golnitz erwähnt in seinem »Itinerarium Belgico-Gallicum« (1631) einen Phallus, der sich in Antwerpen am Eingang des Kreuzgangs der Kirche St. Walburgis befand, die an der Stelle eines antiken, dem Gott Priap geweihten Tempels errichtet worden war. Zu bestimmten Zeiten des Jahres pflegten die Antwerperinnen diesen Phallus mit Blumen zu bekränzen und an ihm zu reiben, um in den Besitz von etwas Staub aus seiner Materie zu gelangen, der als Heilmittel gegen Unfruchtbarkeit diente.

In Montreux in der Nähe von Carpentras befindet sich in einer Kirche aus dem 11.–12. Jahrhundert ein St.-Didier-Phallus, den man am zweiten Sonntag im Mai feiert. Im übrigen wird noch heute in derselben Region in einer vaginal geformten Höhle ein Heiliger namens St. Gens verehrt. Die jungen Leute tragen das Bild des Heiligen im Laufschritt mehrere Kilometer weit bis zu dieser Grotte. Dort schöpfen sie Wasser, das sie mit ihrem Sperma vermischen und anschließend der Frau, die sie begehren, als Liebestrank einzuflößen versuchen. Das Emblem des Hl. Gens ist ein Pflug, der von einem Wolf und einer Kuh gezogen wird. Nach Dulaure wurde noch bis in die jüngste Vergangenheit in der Stadt Saintes der Palmsonntag als *Fête des Pines* [dt. etwa ›Pimmelfest‹] bezeichnet, und zur Zeit dieses Festes pflegte man phallusförmige Biskuits zu verteilen. Sir William Hamilton, englischer Gesandter am Hof zu Neapel, berichtet in einem Brief vom 30. Dezember 1871, daß in Isernia bei Neapel zum Fest des Heiligen Cosmo und des Heiligen Damiano am 27. September in der Kirche ein Phallus aufgestellt werde, den man verschämt als St. Cosmos ›Großen Zeh‹ bezeichne. Zu diesem Anlaß würden auch wächserne Phalli als Glücksbringer verkauft.

In England wurden die Priap-Riten noch bis ins 13. Jahrhundert zur Bekämpfung von Viehkrankheiten gepflegt.

»Zu Beginn des Jahres 1882, zwischen dem 29. März und 5. April, zelebrierte ein Geistlicher der Gemeinde von Inverkeithing in Schottland die Priapriten, indem er die jungen Mädchen aus der Stadt versammelte und um das Standbild des Gottes tanzen ließ. Eine Holzfigur des männlichen Zeugungsorgans vor sich hertragend, sang und tanzte er auch selbst und begleitete den Gesang mit Hand- und Körperbewegungen, die dem Anlaß entsprachen, und ermunterte durch unzüchtige Reden zu nicht minder unzüchtigen Akten. Über dieses Tun empört, machten ihm die Schüchternsten unter den Anwesenden Vorhaltungen, auf die er aber nur mit Verachtung reagierte. Als er vor seinen Erzbischof zitiert wurde, entschuldigte er sich mit der Erklärung, dies sei ein ländlicher Brauch, und so wurde ihm erlaubt, seine Pfründe zu behalten.« (Stevenson: »Chron. of Lancercosted«, S. 109)

Der bei den Römern weit verbreitete Brauch, kleine Phallus-Amulette zum Schutz gegen Ungemach und schädliche Einflüsse zu tragen, hat sich bis ins Mittelalter erhalten und ist nie vollkommen ausgestorben. Bei den Zigeunern wird er auch heute noch gepflegt. In Italien wird der Phallus zuweilen durch ein

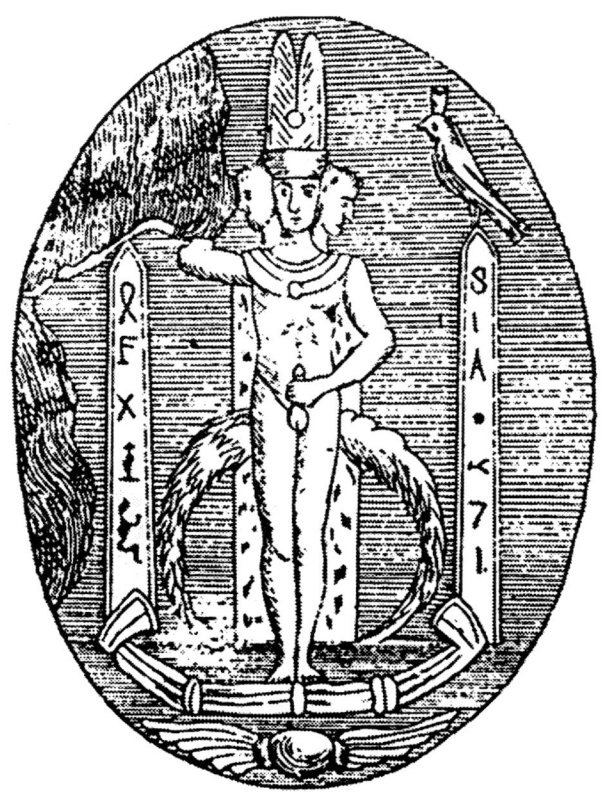

Gott Osiris leistet den phallischen Eid (British Museum. Zeichnung aus: Rufus Camphausen: »Encyclopedia of Erotic Wisdom«)

Horn ersetzt. In Frankreich ist einer Notiz zu den verzierten Bleifiguren, die in der Seine gefunden und von Arthur Forgeais (Paris 1858) gesammelt wurden, zu entnehmen, daß diese Phalli fast alle mit Flügeln ausgestattet waren. »Einer von ihnen hat Vogelfüße und Krallen, ein anderer trägt eine Art Glöckchen um den Hals; diese Gegenstände entsprechen den phallischen Schmuckstücken, die in Pompeji gefunden wurden. Einer davon stellt eine Frau dar, die auf einem Phallus reitet, der Männerbeine besitzt, ein anderer hat die Beine eines Hundes. Einer stellt ein kleines Männchen mit einem überdimensionalen Phallus dar.«

»In San Agatha di Gaeti bei Neapel wurde ein aus vier Phalli zusammengesetztes goldenes Kreuz mit Anhänger gefunden, das umgehängt getragen werden konnte und einer hochgestellten Persönlichkeit gehört haben muß. In Italien ist die Verwendung solcher phallischer Amulette etwas durchaus Übliches, und in Neapel werden sie für einen *carlo* pro Stück verkauft, was in englischer Währung *four pence* und in Frankreich vierzig *centimes* entspricht. Eines von ihnen ist, wie man deutlich erkennt, von einer Schlange umwunden. Sie gelten als ein so wirksamer Schutz für die persönliche Sicherheit desjenigen, der sie trägt, daß es kaum einen neapolitanischen Bauern geben dürfte, der ein solches nicht ständig in seiner Westentasche trüge.«

»Daneben gibt es noch ein anderes, weniger offensichtliches Phallus-Emblem, das seit unvordenklichen Zeiten als Amulett diente, nämlich das, was von den Antiquitätenhändlern als ›phallische Hand‹ bezeichnet wurde. In der Antike kannte man zwei Formen dieser Hand: Bei der einen ist der Mittelfinger ausgestreckt, während der Daumen und die übrigen Finger gefaltet sind; die andere ist eine geschlossene Faust, wobei der Daumen jedoch zwischen Zeige- und Mittelfinger steckt. Die erstere dieser Formen ist die ältere, und der ausgestreckte Mittelfinger steht dabei für das erigierte *membrum virile*, während die zu beiden Seiten eingefalteten Finger die Hoden repräsentieren; dies ist der Grund, weshalb die Römer den Mittelfinger *digitus impudicus* oder *infamis* nannten. Die Hand in dieser Form auszustrecken, galt als die verächtlichste aller Beleidigungen, denn sie deklarierte die Person, an die sich diese Geste richtete, als Liebhaber widernatürlicher Laster. Diese Bedeutung hatte sie auch bei den Römern.«
(Anonym, zit. in Payne Knight: »The Worship of generative Power«)

Der römische Karneval übernahm die Figur des Priap und schuf daraus Pulcinella mit seinem hervorstehenden, spitzbärtigen Kinn und seinen spitzen Ohren. Von der italienischen Ethnologin Annabella Rossi stammt eine Studie über den phallischen und hermaphroditischen Charakter Pulcinellas, dessen Name von *pollice* (Daumen) abgeleitet ist. Tatsächlich trägt er ähnlich wie Attis und Mithras den *pileus,* die für die Mysterien des Phalluskultes typische spitze Haube. In Anspielung auf die Feldfrucht mit stark phallischer Bedeutung wird sie *cetrulo* (Gurke) genannt. Daneben erinnert sie auch an ein Horn. Pulcinellas Buckel, ein glücksbringendes Attribut, gilt zudem als ein Zeichen des Hermaphrodismus.

»In Martano, in der italienischen Provinz Lecce, begeben sich die Gläubigen, um Heilung für ein Leiden zu finden, am Ostermontag in eine bestimmte Kapelle, in der ein Menhir steht, und sie müssen durch ein Loch in diesem Stein kriechen. Die Suche nach Heilung, indem man sich in ein Loch oder durch eine schmale Passage zwischen zwei Steinen zwängt, ist ein prähistorisches Ritual, dem man in ganz Europa begegnet.« (Alphonso Di Nola:« L'Arco di Rovo«, S. 44)
Noch heute wird in ganz Süditalien selbst in den gewöhnlichsten Sätzen als rituelle Anrufung das Wort *cazzo* eingefügt: »*Che cazzo vuoi*« (Was willst du, Pimmel, ...).

DIE VEREHRUNG DES PHALLUS

Ein Jahrhundert nach Christi Geburt berichtet Plutarch, daß eine geheimnisvolle Stimme, von einem Seemann vernommen, den nahenden Tod des großen Gottes Pan verkündet habe. Bei dieser Nachricht durchlief die gesamte hellenisch-römische Welt ein eisiger Schauer. Der phallische Gott, der Vater aller Götter, drohte die zivilisierte Welt bei seinem Sturz mit in den Abgrund zu reißen und die Menschen ohne Schutz zurückzulassen. Ein neues Zeitalter brach an, eine Zeit voller Gefahren und Konflikte, die allmählich zur Auslöschung des Menschengeschlechts führen würde.
Der Phalluskult, einst geboren aus der großen Religion, die sich seit der Jungsteinzeit und der Bronzezeit von Indien kommend bis in die entlegensten Winkel des Okzidents ausgebreitet hatte, blieb jedoch weiter insgeheim fest in der Seele der Menschen verankert, und so finden wir allen Verfolgungen zum Trotz in den Riten, Festen und Zeremonien, zuweilen versteckt, doch stets präsent, die noch lebendigen Spuren, Reste und Reminiszenzen des Kultes um den göttlichen Phallus wieder.
Wie das Auge, das Organ des Sehens, die Form der Sonne hat, wie das Ohr, das Organ des Hörens, einem Labyrinth gleicht, so ist die Form des Phallus als Baum des Lebens, dessen Saft die Lebewesen zeugt, das fundamentalste aller Symbole. Seine Form entspricht der des Universums. Sie repräsentiert die sichtbare Verlängerung des unkennbaren Wesens, das sie, wie es im »Purusha Sūkta« heißt, »um zehn Finger an Größe übertrifft«. (*Atyatishtati dasangulam*)
Alle Völker der Antike haben sich bemüht, den Sinn der charakteristischen Merkmale der Organe zu begreifen und zu deuten, deren Vereinigung die Lebewesen zeugt und die jenes Mysterium reproduziert, durch das der Schöpfer die Welt erzeugt.
Nur wer den Lingam, den in der Vulva stehenden Phallus verehrt, achtet das Prinzip Schöpfung und kann durch dieses Symbol zur Wirklichkeit des Göttlichen vordringen.

Nepal: Shiva-Lingam in einem Innenhof in Kathmandu. (Foto: Tara Hamilton)

Thailand: Shiva-Lingam in der Nähe eines buddhistischen Schreins, geschmückt mit bunten Seidengirlanden, Blumen und anderen Opfergaben. (Foto: Nik Douglas)

»Der Lingam ist ein äußeres Zeichen, ein Symbol. Und doch ist zu bedenken, daß der Lingam von zweierlei Art ist, äußerlich oder innerlich. Das grobstoffliche Organ ist das äußerliche, das feinstoffliche Organ ist das innerliche. Beschränkte Menschen verehren den äußerlichen Lingam und interessieren sich für Rituale und Opferungen. Das Bild des Phallus hat den Zweck, die Gläubigen für das Wissen zu erwecken. Der immaterielle Lingam ist für diejenigen, die nur das Äußere der Dinge sehen, nicht wahrnehmbar. Der feinstoffliche und ewige Lingam ist nur für diejenigen wahrnehmbar, die das Wissen erlangt haben.« (*Linga Purāna* I, Kap. 75, 19–22) »Diejenigen, die die rituellen Opfer praktizieren und gewohntermaßen den körperlichen Lingam verehren, sind nicht in der Lage, Macht über ihre geistigen Aktivitäten auszuüben, indem sie über den feinstofflichen Aspekt meditieren ... Diejenigen, die sich noch nicht des geistigen, des feinstofflichen Geschlechts bewußt sind, müssen das körperliche Geschlecht verehren, und nicht umgekehrt.« (*Shiva Purāna, Rudra Samhitā*, I, Kap. 12, 51–42)
Durch Herrschaft über den Sexualtrieb können wir körperliche und geistige Potenz erlangen. Durch sexuelle Vereinigung können neue Wesen zur Existenz gelangen. Diese Vereinigung stellt daher eine Verbindung zwischen zwei Welten dar, eine Brücke, auf der sich das Leben manifestiert, auf der sich der göttliche Geist inkarniert. Die Form der Organe, die diese Rituale vollziehen, ist das wichtigste aller Symbole. Sie sind die sichtbare Form des Schöpfers. »Wenn man den Lingam verehrt, vergöttert man nicht ein physisches Organ, sondern er-

kennt lediglich eine ewige und göttliche Form an, die sich im Mikrokosmos manifestiert. Der menschliche Phallus ist das Bild der kausalen Form, die in allen Dingen präsent ist. Diejenigen, die nicht die göttliche Natur des Phallus anerkennen wollen, die die Wichtigkeit des sexuellen Rituals nicht begreifen, die den Liebesakt als schändlich und verachtenswert oder als eine rein körperliche Funktion erachten, werden mit Sicherheit in ihren Versuchen materieller oder geistiger Verwirklichung scheitern. Den heiligen Charakter des Phallus zu ignorieren, ist gefährlich; wenn man ihn verehrt, so gelangt man dagegen zu Lust (*bhukti*) und Befreiung (*mukti*).« (*Lingopāsanā Rahasya*)

»Wer sein Leben vergehen läßt, ohne den Phallus geehrt zu haben, der ist in Wahrheit erbärmlich, schuldvoll und verdammt. Wenn man die Anbetung des Phallus in die eine Waagschale und Barmherzigkeit, Fasten, Wallfahrten, Opfer und Tugendsamkeit in die andere Waagschale legt, so wird die Verherrlichung des Phallus als Quelle der Lust und der Befreiung, die vor Widrigkeiten schützen, das Übergewicht haben.« (*Shiva Purāna*, I, 21, 23–24 und 26)

»Wer den Phallus verehrt in dem Wissen, daß er der Urgrund aller Dinge, die Quelle des Bewußtseins, die Substanz des Universums ist, der ist mir näher als jedes andere Wesen.« (*Shiva Purāna*)

Auch im *Mahābhārata* wird die Verehrung des Phallus empfohlen: »Von wem stammt der Same, der zu Anbeginn der Welt dem Rachen des Feuers, dem Rachen Agnis, des Lehrers der Götter und der Gegengötter, zum Opfer gebracht ward? Ist der Goldberg Sumeru aus anderen Samen geschaffen? Wer, wenn nicht der ithyphallische Gott, wandelt nackt auf der Welt? Wer, wenn nicht er, kann seine Zeugungskraft sublimieren? Wer wenn nicht er, machte die, die er liebt, zur Hälfte seiner selbst und wer konnte nicht von Eros besiegt werden? Rudra ist's, der Gott der Götter, der erschafft und vernichtet. Kannst du also sehen, o König des Himmels!, weshalb die ganze Welt das Zeichen des Lingam und der Yoni trägt? Du weißt auch, daß die veränderlichen Welten aus dem Samen entsprossen, den der Lingam während des Liebesakts vergoß. Alle Götter, alle Geister und mächtigen Dämonen, deren Begehr nie gesättigt ist, erkennen an, daß nichts existiert außer Dem-der-Seligkeit-schenkt (*Shankara*), ... dem Herrscher der Welten, der Ursache aller Ursachen. Nie haben wir sagen gehört, daß die Götter den Phallus irgendeines anderen verehrten. Wer ist also begehrter als der, dessen Phallus von Brahma, Vishnu und allen Göttern verehrt wird wie auch von dir selbst?« (*Mahābhārata, Anushāsana parvan*, 14, 221–232)

Zu den Riten der Lingamverehrung bringen die Gläubigen frische Blumen, reines Wasser, junge Grassprossen, Grünzeug und sonnengetrockneten Reis mit. Der Reinheit der Kultgegenstände sowie der körperlichen Reinheit des Betenden messen sie eine ganz besondere Bedeutung bei.

Warum wird der Lingam verehrt? Er wird deshalb verehrt, weil er das Symbol des Immerwährenden, des Archetypischen ist, in dem sich die Natur Purushas, des universalen Menschen, offenbart. Den Phallus zu verehren, bedeutet die

Gegenwart des Göttlichen im Menschen anzuerkennen. Es bedeutet das Gegenteil eines anthropomorphen Monotheismus, der die Projektion des menschlichen Individualismus in die göttliche Welt darstellt. In dem Instrument, das der Fortpflanzung dient, verehren wir das schöpferische Prinzip und zwar in Lust und Freude, denn das Fortpflanzungsorgan ist auch das Instrument der Lust, die für die Dauer eines flüchtigen Augenblicks eine Ahnung von der göttlichen Glückseligkeit vermittelt. Der göttliche Zustand setzt sich aus drei Elementen, nämlich aus dem Dasein, dem Bewußtsein und der Sinnenlust (*sat-chit-ānanda*) zusammen. Nur die Sinnenlust bildet einen Teil der Ebene der unmittelbaren Erfahrung. Nur über sie können wir daher den göttlichen Zustand erahnen, ja, berühren.

Der Kult des Phallus impliziert die Verehrung der Harmonie und der Schönheit der Welt, die Achtung vor dem göttlichen Schöpfungswerk, vor der unendlichen Vielfalt der Formen und Wesen, in denen sich der göttliche Traum manifestiert. Er erinnert uns daran, daß jeder von uns nur ein Wesen von flüchtiger Lebensdauer und geringer Bedeutung ist, und daß unsere Rolle darin besteht, jenes Kettenglied, das wir einen kurzen Moment lang in der Evolution repräsentieren, zu verbessern und weiterzuvermitteln. Der Kult des Phallus ist daher mit dem Anerkennen der Dauerhaftigkeit der Spezies gegenüber der Vergänglichkeit verbunden, mit dem Anerkennen jenes Prinzips also, das die Gesetze aufstellt, aus denen wir hervorgegangen sind, und nicht ihrer zufälligen und vorübergehenden Anwendungen, des Prinzips Leben an sich und nicht des einzelnen lebenden Wesens, d. h. des Abstrakten und nicht des Konkreten. Es gibt Implikationen auf allen Ebenen, auf der der Moral, der Riten, der Kosmologie, der Gesellschaft und so fort. Auf den Phalluskult zu verzichten, um eine bestimmte Person zu verehren, sei es eine göttliche oder eine menschliche, ist eine Form von Idolatrie, von Götzenanbetung, ein schändlicher Akt, begangen am Prinzip der Schöpfung. Alle heiligen Texte des Shivaismus, die Puranas, die Tantras, die Agamas, wiederholen uns ständig, daß nur diejenigen gerettet werden können, die den göttlichen Phallus verehren, daß alle Gesellschaften, die sich vom Kult des Phallus und der Achtung des sexuellen Körpers entfernen, dem Untergang geweiht sind und ebenso vernichtet werden, wie es mit dem Asuras, jener Menschenrasse geschah, die vor der gegenwärtigen Menschheit existierte.

Dem Menschen, der von der Liebe zur Natur und der Suche nach dem Göttlichen durchdrungen ist und dem es gelingt, sich von den Tabus, dem Aberglauben, den Verboten und Mythen der modernen Religionen zu befreien, erscheint der Phallus, das Bild des Schöpfungsprinzips, von neuem als ein immerwährendes, leuchtendes Symbol, als ein Quell von Freude und Wohlergehen.

Leonardo da Vinci hat an verschiedenen Stellen immer wieder von dem Respekt gesprochen, der dem männlichen Glied gebührt: »Der Mensch tut Un-

Detail einer phallischen Figur am Tempel von
Sangameshvara, frühes 17. Jh. (Foto: Lance Dane)

recht, wenn er sich scheut, es zu erwähnen und zu zeigen, wenn er es stets ver-
hüllt und verbirgt. Er sollte es im Gegenteil festlich schmücken und feierlich wie
einen Abgesandten zeigen.«

Nach einem Leben des Scheiterns auf religiöser, moralischer, materieller und ge-
sellschaftlicher Ebene schrieb Maurice Sachs in seiner »Chronique scandaleuse«:
»Ich hoffe in der Tat, keinen anderen Tempel mehr zu kennen als die Natur,
nichts anderes anzubeten als die Sonne, nur das pralle Glied zu verehren, das den
Menschen macht.« (*Der Sabbat*, S. 103)

Und der Alexander in Michel Tourniers Roman »Les Météores« – dt. »Zwillingssterne« (S. 94) – verkündet:
»Ich stelle mir Gott nicht anders vor als einen Penis, der sich hoch und hart auf
seinen beiden Hoden emporreckt, ein ragendes Denkmal der Männlichkeit, ein
Schöpfungsprinzip, eine Heilige Trinität, ein Rüsselidol in der Mitte des

menschlichen Körpers, halbwegs zwischen Kopf und Füßen, so wie das Allerheiligste des Tempels seinen Platz halbwegs zwischen Vierung und Apsis hat. ... Du dreilappige Blüte, du Wahrzeichen glühenden Lebens ... nie werde ich aufhören, dich zu verehren.«

ANHANG

GLOSSAR

INDIEN

Arier, arisch indogermanisches Volk (Sanskrit arya für »gastfrei, edel«), das zwischen 1200 und 1500 v. Chr. in mehreren Wellen in Indien einwanderte.

Asuras Dämonen, Geister; in ewiger Feindschaft zu den Göttern.

Bhāgavata-Purāna beliebtes Purana, zur Verehrung Vishnu-Krishnas; s. Purana.

Bhagavad Gītā Teil des großen Epos Mahābhārata, der »Gesang des Erhabenen«. Ab 400 v. Chr. allmählich entstanden.

Brahman ist in der vedischen Zeit die fundamentale Kraft, die Lebenskraft, die göttliche Macht; aus diesem Verständnis entwickelte sich die Vorstellung vom »Absoluten« (eine Art Weltseele) und der Gott Brahma.

Brahmane Priester in der vedischen und hinduistischen Religion; bilden oberste Kaste der indischen Gesellschaft.

Dharma Recht, Gesetz, Daseinsfaktor, richtiges Verhalten in der Gemeinschaft, Weltordnung, »Religion«; als »Seinsgesetz« regelt Dharma die kosmische sowie die Natur- und Gesellschaftsordnung (Kasten); Moral, »Religion«, Recht und Sitte werden von Dharma im Sinne eines »Sollensgesetzes« bestimmt; kaum in eine europäische Sprache zu übersetzender Begriff.

Draviden im Süden Indiens ansässige Volksgruppe (nicht-arisch), zu der z. B. die Tamil gehören; auch altindische Völker der Induskultur, die von den Ariern verdrängt wurden.

Ganapati meist Ganesha genannt; Anführer der Gruppe untergeordneter Götter, die als Shivas Begleiter auftreten. Gott der Weisheit und der Hindernisse.

Harappa Reich der Industalkultur; Ausgrabungsort im heutigen Pandschab.

Linga Kennzeichen; Zeichen des Geschlechts; männliches Geschlechtsorgan oder Phallus, und zwar besonders derjenige Shivas, verehrt in Form einer Steinsäule, die sich für gewöhnlich aus einer Yoni aufrichtet und in Shiva geweihten Tempeln aufgestellt wurde. Ursprünglich existierten 12 Shiva-Lingas, in Indien wird ihre Zahl heute auf 30 Millionen geschätzt.

Linga-Purāna eines der 18 Purānas, in dem Shiva einen Bericht über die Schöpfung gibt.

Linga-Sharira der feinstoffliche Körper, der den individuellen Geist oder die Seele bei all ihren Wanderungen von Körper zu Körper begleitet; er wird durch den Tod nicht zerstört und kann als Zeichen der eigenen Persönlichkeit oder individuellen Existenz erst versiegen, wenn die Seele mit dem Allgemeinen verschmilzt.

Manu Smriti berühmtes Dharmashastra (ein Leitfaden zum richtigen sozialen Verhalten in Versen); Teil der vedischen Literatur; zwischen 200 v. Chr. und 200 n.Chr.; die Manus sind die Stammväter der Menschheit.

Mohenjo-Daro Stadtstaat der vorarischen Induskulturen (Nordindien, Pakistan); Höhepunkt zwischen 2300 und 1750 v. Chr.; Ausgrabungsort.

Nirukta Werk der Etymologie, das zu den Sutras gehört.

Parvati Gemahlin Shivas, Tochter des Königs von den Schneebergen.

Pashupati Herr der Tiere; Name des späteren Rudra-Shiva.

Puranas Textsammlung von 18 Lehrgedichten und Göttergeschichten, die von der Entstehung der Welt, den Taten eines Gottes (wie z. B. Shiva im Shiva-Purāna) und dem Herkommen der indischen Herrschergeschlechter erzählen und die in ihrer heutigen Form etwa zwischen 500 und 1000 n. Chr. verfaßt wurden.

Purusha Urmensch als Welturseele und ursprüngliche Quelle des Universums; Höchstes Wesen, das mit Shiva oder anderen Göttern identifiziert wird; im Purusha Sukta (Hymne des Purusha), Rigveda X, 90 beschrieben.

Samhitā »Sammlung«.

Sanskrit Klassische Kultursprache Indiens, die zusammen mit der Vorstufe des Vedischen das Altindische (genauer Altindoarische) darstellt; gehört zum Sprachstamm des Indogermanischen.

Sati treue Ehefrau, Name der Göttinnen Durga oder Uma, manchmal als Ehefrau von Bhava/Shiva beschrieben, manchmal als personifizierte Wahrheit, in manchen Darstellungen tötet sie sich selbst durch Yoga oder durch Mitverbrennen bei der Feuerbestattung des Ehemannes.

Shakti Shivas schöpferische Energie oder Urkraft, auch personifiziert als seine Gemahlin vorgestellt, in Bengalen ist ihre Verehrung oft wichtiger als die Shivas (Shaktismus; Grundtext: Kāmasūtra).

Shatapatha Brāhmana Teil der Brāhāmana-Texte (ab 1000 v. Chr.), in dem vor allem Mythen und Sagen stehen; Spekulation über die Interpretation der Veden.

Shishna-deva ein Phallusverehrer (das männliche Geschlechtsorgan zum Gott haben), unzüchtiger Dämon.

Shiva Einer der beiden wichtigsten Götter im Hinduismus. Sein Name bedeutet »freundlich, wohlwollend«, doch umfaßt seine Wirkung nicht nur Heil, Leben und Schöpfung, sondern auch Krankheit, Zerstörung und Tod. Shiva wird häufig als Asket oder als Tänzer dargestellt, als solcher erhält er das Universum und wird es am Ende der Zeiten zerstören. Sein Reittier, der weiße Stier Nandin, bezieht sich auf seinen Fruchtbarkeitsaspekt, wie auch die Darstellung durch den Linga. Seine Frau oder sein weiblicher Aspekt wird unter verschiedenen Namen verehrt: Kali unter dem zerstörerischen Aspekt, Sati, Parvati, Shakti, etc. Auch Shiva wird unter vielen Namen angerufen, z. B. Ishna(na) oder Maha-deva.

Shivaismus Religiöse Richtung des jüngeren Hinduismus, deren Anhänger Shiva als obersten Gott verehren, der sich in allen übrigen Göttern etc. ausdrückt. Von besonderer Bedeutung sind die Virashaivas, die »heldischen« Shivaiten, auch Lingayats, »Lingaträger«, genannt. Zwar tragen sie in einer Kapsel um den Hals eine Darstellung des Linga. Dies soll aber lediglich ihre Zugehörigkeit zu Shiva kennzeichnen. Sie verabscheuen sexuelle Freiheiten, sind Abstinenzler und Vegetarier und bekämpfen das Kastenwesen. Die Gruppierung besteht seit dem 12. Jahrhundert.

Shiva-Purāna Eines der 18 Purānas, zur Ehre Shivas, bestehend aus 12 Samāhitās (Textteilen oder Kapiteln).

Skanda jugendlicher Kriegsgott und Anführer des Götterheeres, dessen Geburt im Mahābhārata ausführlich geschildert wird; gilt als Sohn Shivas und seiner mächtigen Gemahlin Uma/Parvati/Kali/Durga/Devi; auch Anführer der Krankheitsdämonen, die Kinder angreifen (andere Namen: Kumara, Karttikeya, Subrahmanya).

Soma Saft der Somapflanze, der fermentiert geopfert wird; in personifizierter Form wichtiger Gott im Rigveda; verbunden mit dem Mond und dem Mondgott; Getränk der Götter.

Sūtra »Faden«; lehrbuchartiger Abriß zu den Upanishaden und den philosophischen Schulen zum Auswendiglernen.

Swastika altindisches Sonnen- und Fruchtbarkeitssymbol; Glückszeichen auf Personen und Dingen; stellt eine vereinfachte Form (ähnlich Hakenkreuz) des Sonnenrades Vishnus dar; bestimmtes Symbol aus gemahlenem Reis in Triangelform, das zum Verbrennen des Bildes von Durga gebraucht wird und den Linga symbolisieren soll.

Tantrismus religiöse Richtung, in der die Verwirklichung (Erfahrung) der Einheit von Gott, Welt und Mensch angestrebt, um von Geburt und Tod, Leid und Vergänglichkeit befreit zu werden; Einheit wird als Vereinigung von männlichem und weiblichem Prinzip (Shiva und Shakti) vorgestellt; symbolgeladener Ritualismus, Erfahrung wird durch wiederholte Laute (Mantras), Bilder (Mandalas), Atemkontrolle und ritualisierte Sexualität gesucht;

Upanishaden große Textsammlung, seit dem 6. Jahrhundert v. Chr., von »upanishad« für »sich zu jem. setzen«, Weitergabe von dem Volk nicht verständlichen Lehren an Schüler durch Lehrer (Waldeinsiedler, Brahmanen).

Veden (Pl.) Veda bedeutet »Wissen« und ist eine als göttliche Offenbarung angesehene Textsammlung, in der über Tausende von Jahren bis um 1500 n. Chr. alles zusammengefaßt wurde, was für die Praxis des Opfers notwendig war zu wissen. Der Rigveda mit 1028 Hymnen ist die älteste Sammlung, die zweite ist der Samaveda mit Singweisen oder Gesängen, der dritte der Yajurveda, eine Spruchsammlung, der Atharvaveda mit Liedern zur Benutzung durch Hauspriester bei der Durchführung von Opfern ist die literarisch jüngste Sammlung.

Vedische Religion Religion der Inder aus der Zeit vor der Einwanderung der Arier um 1500 v. Chr., die über die Veden erschlossen werden kann; in ihrer ursprünglichen Form nicht mehr lebendig; religiöses Klima, in dem andere indische Religionen entstanden.

Vishnu wichtiger Gott, der die Ordnung der Welt erhält und wiederherstellt, indem er auf die Erde herabsteigt und in verschiedenen Verkörperungen (Inkarnation) erscheint; z. B. als Krishna oder als Rama (Held des Epos Rāmāyana).

Yoni weibliche Fortpflanzungsorgane, Gebärmutter, Geburtsort (auch im Sinne der Familie, Kaste, Quelle, Teil des Herdes).

Allgemeine Begriffe

Dualismus philosophisch-religiöse Lehre, nach der es zwei voneinander unabhängige ursprüngliche Prinzipien im Weltgeschehen gibt.

Initiation Aufnahme eines Neulings in eine Standes- oder Altersgemeinschaft, einen Geheimbund wie z. B. einen antiken Mysterienkult, die durch bestimmte Bräuche geregelt ist; besonders die Einführung der Jugendlichen in den Kreis der Männer und Frauen bei »Naturvölkern«.

Inkarnation Fleischwerdung, Menschwerdung eines göttlichen Wesens; z. B. Vishnu, Christus.

Mysterienkult spätantike Geheimkulte, die mit dem frühen Christentum um Anhänger konkurrierten; thematisch ging es um Werden und Vergehen (Wiederauferstehung).

Griechenland und Rom

Eleusinische Mysterien antiker griechischer Mysterienkult in Eleusis um die Fruchtbarkeitsgöttin Demeter und ihre Tochter Persephone, die jedes Jahr für ein halbes Jahr in die Unterwelt muß und im Frühjahr wiederkommt.

Dionysos griechischer Gott des Weines und der Fruchtbarkeit (röm. »Bacchus«); Attribut: mit Efeu und Reben umkränzter Thyrsosstab mit Pinienzapfen am oberen Ende; in seinem ekstatischen und orgiastischen Kult zerreißen seine Verehrerinnen, die Mänaden, junge Tiere (Stiere) und verzehren das rohe Fleisch.

Hermaphrodit zum Zwitter gewordener Sohn der griechischen Gottheiten Hermes und Aphrodite; Menschen mit Geschlechtsmerkmalen von beiden Geschlechtern.

Hermes griechischer Gott des sicheren Geleits, Patron der Wanderer, Hirten, Kaufleute und Diebe, auch Wegeführer der Seelen Verstorbener und Götterbote; als Hirtengott auch Gott der tierischen Fruchtbarkeit (befruchtender Phallus); Gott »vom Steinhaufen« (Herme).

Mänaden Verehrerinnen des Dionysos.

Merkur altrömischer Gott des Handels; hatte geflügelten, schlangenumwundenen Stab als Sinnbild des Handels (Merkurstab).

Mithras-Kult spätantiker Mysterienkult, der bei den römischen Soldaten besonders beliebt war; das Altarbild in unterirdischen Kultstätten zeigte einen Stier, der von dem Gott Mithras (wohl persischer Herkunft) getötet wird.

Orpheus Gründer der religiösen Gruppierung der Orphiker, die Dionysos verehrten und enthaltsam lebend, um die Seele von einer Erbsünde zu erlösen, als Wanderprediger durch Griechenland zogen; Glaube an Seelenwanderung, von der man sich erlösen will.

Priap(us) spätgriechisch-römischer Fruchtbarkeitsgott.

Satyr Begleiter des Dionysos; halb Ziegenbock, halb Mensch.

ÄGYPTEN

Osiris altägyptischer Gott, der sich vom Vegetationsgott zum Herrscher über das Totenreich und Richter über die Toten entwickelte; einflußreicher Mythos von seinem Tod und seiner Wiederauferstehung.

KELTEN

Cernunnos keltischer Gott der Wachstumskräfte und der Fruchtbarkeit; der »Gehörnte«, da er ein Geweih oder Hörner trägt; mit Halsring und gehörnter Schlange, oft in Yoga/Buddhahaltung dargestellt; Parallelerscheinung oder Verbindung zum indischen »Herrn der Tiere«.

LITERATUR

SANSKRIT-TEXTE

Yajur Veda
Taittirīya Samhitā
Purusha Sūkta
Chāndogya Upanishad
Shvetāshvatara Upanishad
Taittirīya Upanishad
Bhāgavata Purāna
Shiva Purāna (*La Légende immémoriale du Dieu Shiva: le Shiva-purana*. Aus dem Sanskrit übers., hrsg. u. kommentiert v. Tara Michaël. Paris 1991 (= Coll. Unesco d'oeuvres représentatives: Série indienne)).
Bhagavadgītā. Das Lied der Gottheit. (Aus d. Sanskrit übers. v. Robert Boxberger. Neu bearb. u. hrsg. v. Helmut von Glasenapp). Stuttgart 1955 (Neudruck Stuttgart 1997; = RUB 7874).
Bhagavadgītā. Des Erhabenen Sang. (Übertr. u. komment. V. Leopold von Schroeder). 6. Aufl. München 1990.
Bhagavad Gītā. Das Hohelied Indiens. (Sanskrit-Deutsch; Übersetzt v. Helmut Maldoner). Hamburg 1986.
Bhagavad Gītā. Das hohe Lied der Tat. (Bear. u. erläut. v. K.O. Schmidt). 4. Aufl. München, Engelberg 1984.
Linga Purāna
Mahābhārata Übers. von: Holtzmann: »Das Mahābhārata und seine Teile.« 4 Bde. in einem Bd. Osnabrück 1971.
Nārada Pancharātra
Nirukta
Manu Smritri
Rigveda
Sāmkhya Kārikā
Shatapatha Brāhmana
Skanda Purāna
Harsha (Theater), (= *Trois piéces du Théâtre de Harsha*. Übers. u. adaptiert aus dem Sanskrit v. A. Daniélou. Paris 1977).

TAMILISCHER TEXT

Kanda Purānam

HINDI-TEXTE

Kavirāj, Gopināth: *Linga Rahasya,* Kalyana Shiva Anka (1937).
Karpātri, Swāmī: *Lingopāsanā Rahasya: Shrī Shiva Tattva.* Benares 1939.
Le Mystère du culte du Linga. Métyphysique de l'Inde. Ecrits fondamentaux de
 Swami Karpatri.
Aus dem Hindi übers. v. A. Daniélou. Gordes 1993.

BIBLISCHE TEXTE

Genesis, Leviticus, Numeri, Samuel, Josua, Jeremias, Sefer Bahir, Sefer Yezirah.

ANTIKE TEXTE

Aelianus: *Variae Historiae.*
Athenagoras: *Legatio pro Christianis.*
Apollodor: *Apollodors mythologische Bibliothek.* (Aus d. Griechischen v. Christian
 Gottlob Moser u. Dorothea Vollbach. 2. Auflage. Leipzig 1992 (= Slg. Die-
 trich).
Aristophanes: »Die Acharner«. In: Aristophanes: *Komödien.* Hrsg. u. eingel. v.
 Hans-Joachim Newiger nach der Übers. v. Ludwig Seeger, Artemis, Mün-
 chen 1990.
Aischylos: Fragmente in: Aischylos: *Die Tragödien und Fragmente.* (Auf der
 Grundlage d. Übers. v. Johann Gustav Droysen bearb., eingel. u. teilw. neu
 übers. v. Franz Stoessl) Zürich/München 1952.
Eurypides: *Die Bacchen.* In: Eurypides, Werke in 3 Bänden (Hrsg.: Dietrich Ebe-
 ner), 2. durchges. u. ergänzte Aufl., Bd. 3. Berlin / Weimar 1979.
Hesiodus: *Sämtliche Gedichte. Theogonie, Erga. Frauenkataloge.* (Hrsg. u. erläut. v.
 Walter Marg). Stuttgart 1970.
Pausanias: *Beschreibung Griechenlands.* 2 Bd. (Übers. u. hrsg. v. Ernst Meyer, dtv
 text-bibliothek München, 2. ergänzte Aufl. 1975.
Platon: *Gastmahl*
Sophokles: *Ajax.*

MITTELALTERLICHE TEXTE

Adam von Bremen: *Hamburgische Kirchengeschichte (Gesta Hammerburgensis eccle-
 siae pontificum),* 3. Aufl. Hannover 1917.
Joannis Goropi Becani: *Origines Antwerpiae.* 1569.
Abraham Golnitz: *Itinerarium Belgico-Gallicum.* 1631.

SEKUNDÄRLITERATUR

Anonym: *The Worship of Generative Power.* London 1825.

Banerjee, Projesh: *Early Indian Religions.* Delhi 1973.

Bechert, Heinz und Georg von Simson (Hrsg.): *Einführung in die Indologie,* Darmstadt 1993.

Botheroyd, Sylvia und Paul: *Lexikon der keltischen Mythologie,* München: Diederichs, 2. Auflage 1995.

Boardman, John u. La Rocca, Eugenio: *Eros in Griechenland.* (Übers. aus d. Engl. v. Isabella Nadolny; aus d. Ital. Ursula Knöller-Seyffahrt). München 1976.

Chevalier, Jean u. Gheerbrant, Alain: *Dictionnaire des symboles.* Paris 1882.

Colli, Giorgio: *La Sapienza Greca.* Mailand 1977.

Daniélou, Alain: *Le Polythéisme hindou.* Paris 1975.

–,–: *Shiva et Dionysos.* Paris 1979.

–,–: *La Fantaisie des Dieux et l'Aventure Humaine.* Paris 1985.

Davidson, Basil: *Old Africa rediscovered.*

Di Nola, Alphonso: *L'Arco di Rovo.*

Dulaure, Jacques-Antoine: *Des Divinités génératrices chez les Anciens et le Modernes.* Paris 1825; Neuausg. Paris 1985, stark veränderte u. erweiterte dt. Ausgabe:

–,–: *Zeugung in Glauben, Sitten und Bräuchen der Völker.* (Ergänzt v. Friedrich S. Kraus u. Karl Reiskel). Leipzig 1909).

Dupuis, Jacques: *Au Nom du Pére.* Paris 1987.

Eliade, Mircea: *Histoire des croyances et des idées religieuses.* Genf 1976.

–,–: *Geschichte der religiösen Ideen.* 5 Bde. 3. Aufl. Freiburg / Basel / Wien 1997. (= Herder Spektrum):

–,–: *Mephistophélés et l'Androgyne.* Paris 1962.

Die Religion und das Heilige. Elemente der Religionsgeschichte. Salzburg 1954.

Evola, Julius: *Le Yoga tantrique.* Paris 1971.

Gassner, Jutta: *Phallos.* Fruchtbarkeitssymbol oder Abwehrzauber? Böhlau 1993.

Graves, Robert: *The White Goddess.* (London 1948). Neudruck. New York 1960.

–,–: *Greek Myths,* London 1958.

Guenon, René: *Symboles fondamentaux de la science sacrée.* Paris 1962.

Jafkar, Amin: *Sain Gens, enfant de Montreux.* Paris 1984.

Jeanmaire, Henri: *Dionysos.* Paris 1961.

Karlhans, Frank: *Der Phallus. Von der Magie der Männlichkeit im Wandel der Epochen.* Neuausg. Frankfurt 1989.

Knight, Richard Payne: *The Worship of Priapus.* London 1786.

Lambert, Jean-Clarence: *Labyrinthes et dédales du monde.* o.O., o.J.

Le Scouëzec, Gwenc'hlan: *Guide de la Bretagne mystérieuse.* Paris 1966.

Mercadé, Jean: *Roma Amor.*

Marshack, Alexander: *The Roots of Civilisation.* London 1976.

Nola, Alfonso di: *L'Arco di Rovo*. Turin 1983.

Rawson, Philip: *Primitive Erotic Art*. London 1973.

–,–: *Eros Kalos*. Paris 1976.

Ross, Anne: Celtic and Northern Art: In: Philip Rawson: *Eros Kalos*. Paris 1976. *Primitive Erotic Art,* London 1973.

Sachs, Maurice: *Der Sabbat. Eine Chronique scandaleuse.* (Übers. v. Herbert Schlüter) München 1970.

Santarcangeli, Paolo: *Il Libro dei Labirinti,* Florenz 1967.

Scholem, Gershom: *Ursprünge und Anfänge der Kabbala.* (Studia Judaïca 3). Berlin 1962.

Simone, Roberto de u. Rossi, Anabella: *Carnevale si chiama Vincenzo*. Rituali di Carnevale in Campania. Rom 1977.

Tournier, Michel: *Zwillingssterne.* (Übers. v. Helmut Waller). Hamburg 1977.

Vieyra, Maurice: *Les Religions de l'Anatolie antique*. Paris 1953.

Willetts, Ronald Frederick: *Cretan Cults and Festivals*. New York 1962.

ÜBER DEN AUTOR

Alain Daniélou, 1907–1994, geboren in Paris, war einer der bedeutendsten abendländischen Kenner und Interpreten des Hinduismus. Sein Vater war Minister in der französischen Regierung und eng mit Aristide Briand befreundet; seine Mutter gründete mehrere Schulen für Religionsunterricht; sein Bruder wurde ein berühmter Kardinal. In den dreißiger Jahren verkehrte Daniélou im Pariser Künstler- und Musikermilieu, wo er mit Maurice Sachs, Henri Saguet, Jean Cocteau und Pierre Caxotte nahe Kontakte pflegte. Nach einer Karriere als Maler studierte er bei Legat Tanz, bei Panzera Gesang und bei Max d'Olonne Komposition.

Im Anschluß an eine Afghanistanreise begegnete er Rabindranath Tagore, entdeckte seine Faszination für Indien und ließ sich 1937 in Benares nieder, wo er über 15 Jahre lang wohnte. Er konvertierte zum Hinduismus, studierte Hindi, Sanskrit, Religion und Philosophie und erlernte daneben, die Vina perfekter zu spielen. Als er 1958 nach Europa zurückkehrte, wurde er zum glühenden Verfechter und Förderer der östlichen Traditionen mystischer Musik in Berlin und Venedig. Als Councillor of the International Council of Music schuf er die UNESCO-Sammlung traditioneller Musik der Welt. 1980 zog er sich nach Italien zurück, um sich weiter seiner schriftstellerischen Tätigkeit zu widmen. Daniélou verfaßte mehr als dreißig Werke zu Philosophie, Religion, Geschichte, Kunst, Musik und Theater Indiens, darunter «Mythes et Dieux de l'Inde«, »Histoire de l'Inde«, »Shiva et Dionysos«, »Le Mystère du Culte de Linga«, »Sémantique Musicale«, »Yoga – Méthode de Réintegration« sowie eine vollständige Übersetzung des »Kama Sutra« aus dem Sanskrit und »Le Chemin du Labyrinthe«, seine Autobiographie.

Clark Heinrich

Die Magie der Pilze

Psychoaktive Pflanzen in Mythos, Alchemie und Religion

Gelbe Reihe Magnum Band 5, 284 Seiten, Festeinband mit zahlreichen Farbabbildungen

Pilze gelten oft als Inbegriff des Giftes, für viele Kulturen sind sie jedoch heilige Geschenke der Götter. Clark Heinrich geht dem Geheimnis der Pilzverehrung nach und entdeckt in vedischen und puranischen Mythen, tantrischen Kulten und jüdischen Riten zahlreiche Pilzsymbole. Im Zentrum steht dabei die Wirkung des Fliegenpilzes auf Körper und Geist, sowie seine kulturelle und religiöse Bedeutung. Dieses Buch gibt unorthodoxe Antworten auf Fragen zum Bewußtsein des Menschen und seine Stellung im Kosmos und lädt ein, an feststehenden Dogmen und religiösen Weltanschauungen zu rütteln.

Mit einem Vorwort des Ethnopharmakologen und Experten für psychedelische Pflanzen Christian Rätsch.

EUGEN DIEDERICHS VERLAG

Christian Rätsch

Die Steine der Schamanen

Kristalle, Fossilien und die Landschaften des Bewußtseins

Gelbe Reihe Magnum Band 2, 168 Seiten, Festeinband mit zahlreichen Abbildungen

Schamanen und andere Heilkundige haben die magischen Kräfte der Steine immer zu nutzen gewußt. Bergkristalle, Amethyste, Ammoniten, Scaphite: Sie alle haben Potentiale, die es wieder zu entdecken gibt. Christian Rätsch beleuchtet die symbolischen und mythischen Bedeutungen, die in den unterschiedlichsten Völkern und Kulturen existieren. Er führt in die tiefere Sphäre des Bewußtseins und der Wahrnehmung: Eine Welt, die in Farben und geometrischen Formen den Kristallen und Fossilien ähnelt. Aus den Eindrücken der äußeren Welt entsteht eine innere Topographie, eine Landschaft des Bewußtseins.
Aus dem reichen ethnologischen Wissensfundus und der persönlichen Erfahrung des Autors erschließt sich die mythisch-mystische Welt der Steine.

EUGEN DIEDERICHS VERLAG

Shen Kuo

Pinselunterhaltungen am Traumbach
Das gesamte Wissen des alten China
Aus dem Altchinesischen übertragen und herausgegeben von Konrad Herrmann

Gelbe Reihe Magnum Band I, 320 Seiten, Festeinband, mit historischen Holzschnitten

Shen Kuo (1031–1095), hoher Beamter aus dem engsten Umfeld des Kaisers, beschreibt in seinen Aufzeichnungen das höfische Leben und das gesammelte Wissen des Alten Chinas um Poesie, Malerei und Naturwissenschaft.

Marko Pogačnik

Geheimnis Venedig
Modell einer vollkommenen Stadt

Gelbe Reihe Magnum Band 3, 200 Seiten, Festeinband
Mit über 100 Farbabbildungen von Bojan Brečelj und Zeichnungen des Autors

Die geomantische Betrachtung Venedigs erschließt die geistigen und energetischen Urmuster der Stadt und eröffnet ihre verborgenen Dimensionen.

Marko Pogačnik

Die Landschaft der Göttin
Heilungsprojekte in bedrohten Regionen Europas

Gelbe Reihe Magnum Band 4, 168 Seiten, Festeinband, mit zahlreichen Abbildungen

Mit einer neuen Perspektive eröffnet der Autor den Blick auf die Erde und ihre Landschaften, führt in ihre tiefere Dimension und zeigt ihre seelische Ganzheit.

Petra van Cronenburg

Geheimnis Odilienberg
Eine Reise durch heilige Räume und Zeiten

Gelbe Reihe Magnum Band 6, 191 Seiten, Festeinband, mit Fotos und Zeichnungen

Anhand der Geschichte der heiligen Odilia führt die Autorin in das Mittelalter und in das Neolithikum zurück und entfächert die mythische und historische Bedeutung der letzten schamanischen Sakralkönigin der Merowingerzeit.

Franz-Theo Gottwald und Christian Rätsch (Hrsg.)

Schamanische Wissenschaften
Ökologie, Naturwissenschaft und Kunst

Gelbe Reihe Magnum Band 8, 280 Seiten, Festeinband mit zahlreichen Abbildungen

Aus der Sicht der Schamanischen Wissenschaften werden hier neue Perspektiven für Ökologie, Naturwissenschaft und Kunst aufgezeigt. Die älteste Kunst der Menschheit als Impuls für ein neues Handeln, Denken und Fühlen.

EUGEN DIEDERICHS VERLAG

Heinrich Zimmer

Indische Mythen und Symbole
Vishnu, Shiva und das Rad der Wiedergeburten

Diederichs Gelbe Reihe Band 33, 256 Seiten, Paperback

Heinrich Zimmer ruft die Bedeutung der alten indischen Mythen und Symbole um Shiva, Vishnu und die große Göttin in Erinnerung: „Hindumythos und Hindusymbole und andere weise Dinge reden von weit her zu uns von dem Schatz, der unser eigen ist, damit wir ihn aus den vergessenen Winkeln unseres eigenen Wesens ausgraben …"

Wolfram Eberhard

Lexikon chinesischer Symbole
Die Bildsprache der Chinesen

Diederichs Gelbe Reihe Band 68, 320 Seiten, Paperback

„Von den Erklärungen, aber auch durch die reichen Illustrationen verführt, liest man sich leicht in diesem Lexikon fest, springt von einem Stichwort zum anderen und spürt bald, daß sich aus den einprägsamen Beispielen aus Musik, Brauchtum, Sage, Volksweisheit, Astrologie, Okkultismus, Religion und Philosophie ein Mosaikbild der ganzen chinesischen Kulturgeschichte bildet."

Frankfurter Allgemeine Zeitung

Loden Sherap Dagyab Rinpoche

Buddhistische Glückssymbole im tibetischen Kulturraum
Eine Untersuchung der neun bekanntesten Symbolgruppen

Diederichs Gelbe Reihe Band 93, 192 Seiten, Paperback

Tibetische Symbole, die zugehörigen Rituale und Rezitationstexte: unter anderem die acht Glückssymbole, die sieben Kostbarkeiten der Königsherrschaft, die sechs Zeichen des langen Lebens, die Symbole des Rads oder des Lotos.

Gerd Heinz-Mohr

Lexikon der Symbole
Bilder und Zeichen der christlichen Kunst

Diederichs Gelbe Reihe Band 150, 352 Seiten mit zahlreichen Abbildungen, Paperback

Die gesamte Fülle an Symbolen und Zeichen aus der christlichen Kunst sind in diesem umfassenden Nachschlagewerk versammelt. Die Gesamtschau reicht von antiken Mythen und heiligen Schriften bis hin zum Reichtum der Natur und läßt Ursprünge und Bedeutung bekannter und unbekannter Symbole lebendig werden.

EUGEN DIEDERICHS VERLAG